20

20 KEYS FOR TEACHERS

KEYS

20 KEYS FOR TEACHERS

GEI JIAOSHI DE ERSHI BA YAOSHI

给教师的20把钥匙

——教师应掌握的教育学方法

查有梁 著

四川教育出版社

·成 都·

图书在版编目（CIP）数据

给教师的 20 把钥匙：教师应掌握的教育学方法 / 查有梁著.
成都：四川教育出版社，2013.1（重印）
ISBN 978-7-5408-4470-7

Ⅰ.给…　Ⅱ.查…　Ⅲ.教学法 - 研究　Ⅳ.G424.1

中国版本图书馆 CIP 数据核字（2007）第 032181 号

责任编辑　谢志良　王积跃
封面设计　何一兵
版式设计　王　凌
责任校对　严道丽
责任印制　陈　庆　杨　军
出　　版　四川教育出版社
　　　　　地　　址　成都市槐树街 2 号
　　　　　邮政编码　610031
　　　　　网　　址　www.chuanjiaoshe.com
印　　刷　四川福润印务有限责任公司
制　　作　四川胜翔数码印务设计有限公司
版　　次　2007 年 4 月第 1 版
印　　次　2013 年 1 月第 8 次印刷
成品规格　170mm×244mm
印　　张　14　插页　3
定　　价　26.00 元

如发现印装质量问题，请与本社调换。电话：（028）86259359
营销电话：（028）86259477　　邮购电话：（028）86259694
编辑部电话：（028）86259381

前　言

　　2004 年 10 月，朱利安·泰普林（Julian Taplin）先生送我三本书，其中一本是刚出版的《父母都是教育家》，对应的英文书名是 *All Parents are Educators*。我回赠泰普林先生三本书，其中一本也刚出版不久，书名是《新教学模式之建构》。泰普林先生是美国的心理学家，1984 年曾作为美国心理学家代表团成员访问中国，他与张祥荣等人合作从事"中美教育合作项目——TSP"已八年了，主要是为中国家庭教育做 TSP 教育项目。T（Think）指开放思维，S（Study）指有效学习，P（Protect）指自我保护。我认为"TSP 教育项目"应加以扩展，使教师教育也成为其中的内容。我建议我俩共同研究撰写一本教师教育的新书：*All Teachers Are Learners*，《教师都是学习者》。泰普林先生一听这个题目就兴奋不已，连声说："Very good! Very good!"

　　第二天，我就草拟了一个提纲。由泰普林先生撰写 8 章，着重在心理学研究成果的基础上为教师提供实用的、可操作的方法；我撰写 8 章，着重在教育学研究成果的基础上为教师提供实用的、可操作的方法。大家交流各自的意见后，只作了微调，即取得共识。

　　2005 年 2 月，泰普林先生从美国寄来英文书稿 8 章，我也完成了书稿的 8 章。泰普林先生书稿的核心内容是"教师应向学生提供的 18 个工具"；我的书稿的核心内容是"提供给教师们选用的 20 把钥匙"。2005 年 4 月 18日，我们在四川省社会科学院再次讨论书稿。他写的是工具（Tool），我写的是钥匙（Key）。

他问我为什么一定要分为 Tool 与 Key？我俩来自不同的文化背景，写作又有不同风格，着重的学科也不同，一是从心理学角度为教师提供的方法（工具），一是从教育学角度为教师提供的方法（钥匙）。心理学和教育学这两大学科本身是交叉融合的。从"方法"意义上看，都可称为"工具"，也都可以称为"钥匙"。为了保持各自的特色就暂且一个称"工具"，另一个称"钥匙"，相互交换称呼也可以，不必追究"工具"和"钥匙"的词义差异，都是提供实用的方法。他接受这一解释，认为我们原先定的书名《教师都是学习者》太一般化，"亮点"不突出。于是，我改为《教师的钥匙和教育的工具》，英文可表述为：*Keys for Teachers and Tools for Education*。

经过近一年时间的研究、修改、翻译、校对、整合，仍难以将两人写的书建构为一本内在融合的书。此外，从读者阅读和出版发行看，分为两本书还是更好些。于是就分成两本作为姊妹篇的书：《给教师的 20 把钥匙》和《给教师的 18 个工具》。

《给教师的 20 把钥匙》的核心内容是，在教育学研究成果的基础上，提供 20 把给教师选用的钥匙。全书分为四个部分：（1）增强研究能力的钥匙（K1～K4）；（2）发展教师专业的钥匙（K5～K10）；（3）提升教学水平的钥匙（K11～K16）；（4）改进学习方法的钥匙（K17～K20）。

为了便于读者学习和掌握，本书将每一把"钥匙"都用一句话作出简要概括，如下所述。（为了对称，在《给教师的 18 个工具》中，我们也将每一个"工具"用一句话作出了简要概括。）

给教师选用的 20 把钥匙

●增强研究能力的钥匙

K1 "四象限"思维模式：从逻辑、操作、艺术、交往四个方面进行系统思维。

K2 关爱生命，重视使命：继承优秀传统，面向现实世界，热爱教育事业。

K3　及时总结经验教训：写教育自我小结，吸取他人经验，应用哲学总结经验。

K4　全面调查统计分析：设计问卷，全面调查，统计分析，及时反馈，自我反思。

●发展教师专业的钥匙

K5　不断提高专业水平：精读教育和学科的经典，提高文学艺术素养和社会交往能力。

K6　不断提高师德水平：理解和实践最主要的师德，以优秀教师为榜样。

K7　认识优秀教师素质：设计问卷请学生们回答，教师相互评议、共同提高。

K8　认真改进教育策略：提高教学艺术和技术水平，应用心理学成果提高教育实效。

K9　灵活选择教学原则：全面理解教学原则，因材施教灵活选择。

K10　建构模式，超越模式：学会自己建构教学模式，认识模式的条件和局限。

●提升教学水平的钥匙

K11　整体备课，纵横联系：集中备好全学期的课，重视前后联系和学科渗透。

K12　教学生动，如坐春风：从形象到抽象，既和谐又奇异，既多样又统一。

K13　即时反馈，有针对性：给学生的练习题，当天让学生知道答案，自我纠正。

K14　认识学生，教学研并进：认识学生，知学知教，教师要成为教学的研究者。

K15　心中有数，注重实效：有定性认识，有定量分析；掌握分寸，适度才有实效。

K16　健康第一，真善美统一：身体心理健康是第一位的事，真善美统一才是健康。

●改进学习方法的钥匙

K17 指导学生改进学习方法：给学生通用的学习方法，也给学生互补整合的学习方法。

K18 从学生问题中系统学习：系统收集学生的问题，系统回答学生的问题。

K19 积极参与校本学习：个体学习是基础，团队学习是关键，推广传播求发展。

K20 深刻领悟成才之道：成才统计律是十年树人；学习律、发展律、整合律。

本书的第1章前三节曾发表在《教育研究》2001年第4期上，后一节曾发表在《西华大学学报》（哲学社会科学版）2006年第1期上。本书的第3章、第4章、第5章、第6章是作者在教师培训时的讲稿，由张小涛整理。张小涛还对本书做了全面校对，同时为本书的姊妹篇《给教师的18个工具》的全部译文做了校对。张小涛1995年毕业于电子科技大学，获理学学士，工作几年后又考入四川师范大学攻读心理学硕士学位。她将整理本书和译文校对作为一种"以任务驱动"的学习，十分认真，做了许多有益的工作。

我要特别感谢泰普林先生，正是在同他合作的过程中，我才产生了写作这本"易于操作，具体有效；理论深入浅出，应用简明可靠"的书的动因。我们将《给教师的20把钥匙》和《给教师的18个工具》定位为不是学术专著，而是属于有研究背景的科学普及型的教师教育读物。

我们的这两本书从初稿写成到交付出版，经过了一年多时间，中文稿修改过几次，英文译稿也修改过多次。这主要是因为我们希望做到尽善尽美、精益求精。虽然我们并未达到这个高标准，但是我们的态度是端正的。我们认真地对广大教师负责，力求使他们读后真有收获。

我要特别感谢我的母校西南师范大学（现已改名为西南大学），该校1986年就聘我为教学论兼职教授，1991年又聘我为教学论专业的博士点导师，这大大促进了我对教学理论的研究。我也要特别感谢我家乡的四川师范大学，该校在 1988 年聘我为物理学教学论的硕士研究生导师，我指导的第一位硕士研究生在 1991 年毕业于该校。我也要特别感谢北京师范大学、华中科技大学等高等院校，他们聘我为兼职教授，对我是很大的激发，激发就是最有效的教育。

我要感谢"全国教育科学规划领导小组"，他们连续三届聘我为教育理论组成员（1986～2002），使我认识了不少教育界的前辈和同辈，他们给予我许多生动而深刻的教导和启发。我要感谢中国教育学会教育学分会，他们聘我为学术顾问，大大促进了我更加深入实际地研究教育理论，特别是中国教育学会会长顾明远教授，多年来一直给予我许多指教和支持。

查有梁

2007 年 1 月 5 日

写于成都青城山

目 录

第 *1* 章 新世纪的教育观

　　21世纪的教育将会有更多的创新。毫无疑问，新世纪的新教育要认真继承几千年来人类优秀的教育遗产。那些被教育实践证明为正确而有效的教育理论将会继续为各国接受和选择。从孔子的启发教学、夸美纽斯的班级教学，到杜威的活动教育、陶行知的创造教育等等，在一定条件下和一定范围内都将继续发挥其应有的作用。然而，新世纪世界的新经济以全球化、信息化为特点，新政治以多极化、民主化为特点，新科技以生态化、智能化为特点，新文化以融合化、网络化为特点，必然使新世纪有相应的新教育。我尝试将新教育概括为：和平发展教育、终身素质教育、科学人文教育。这是新世纪新教育的三大特点，这三大特点彼此交叉渗透，走向整合。和平发展教育是新教育的功能观，终身素质教育是新教育的目的观，科学人文教育是新教育的价值观。而新世纪新教育的功能观、目的观、价值观又互相渗透，走向统一。教育观与方法论是一致的，教育观可以转化为相应的方法论，从而显示出研究教育观的重要意义。

1.1　和平发展教育的功能观

　　在新世纪，和平与发展仍然是世界的两大主题。没有和平就不可能有发展，没有发展也不可能有和平。和平教育和发展教育必然会成为新教育的两大主题。20世纪，两次空前残酷的世界大战给人类带来巨大苦难。战争之恐怖触目惊心，战争之危害至今犹存，亿万善良人民死于非命，无数田野森林毁于战争。人们渴望一个没有战争和暴力的新世纪，为此必须有针对性地进行和平教育。和平教育的一个重要方面，是学会和平地解决冲突。冲突可以分为社会中的冲突和自然中的冲突。社会冲突包括个人与个人的冲突、团体与团体的冲突、国家与国家的冲突；自然冲突包括人与动物的冲突、人与植物的冲突、人与无机界的冲突。以理智代替战争，以宽容代替暴力，以和合代替冲突——这是和平教育的根本宗旨。

社会中的和平环境，自然中的和平环境，对于人类的生存和发展来说都是至关重要的。工业革命以来，人类无节制地开采自然资源、排放废物、滥用农药，使人类赖以生存的环境被严重污染，生态失衡。人类的生存和发展面临空前困境。人们需要一个和平的社会生态，也需要一个和平的自然生态。两者都要求人们有一个和平的心态去善待自然、善待生物、善待社会、善待他人。为此就不得不放弃以人类为中心的观念，放弃以本民族为中心的观念，放弃以小团体为中心的观念，放弃以个人为中心的观念。东方文化中的众生皆平等，西方文化中的人生而平等，这两种观念整合起来，形成平等的和合观，这是进行和平教育的重要目标之一。

中国传统文化的精华之一是重视"和合文化"，其教育即是"和合教育"。"和"、"合"、"谐"三字最早出现在《管子》一书中。"畜之以道则民和，养之以德则民合。和合故能谐，谐故能辑，谐辑以悉，莫能伤之。"[①] 这段话把道与德放在首位，有"道德"则"和合"，"和合"则"和谐"，"和谐"则"团结"，"团结"则"成功"。"和谐"的中心词是"和"。孔子强调"和为贵"[②]，还强调"君子和而不同，小人同而不和"[③]。"和而不同"，即承

---

① 《管子·兵法第十七》。
② 《论语·学而篇第一》。
③ 《论语·子路篇第十三》。

认多样，主张多样；不相同又和谐，即是发展。这正是从多样中寻求统一，通过多样而达到和平共处。21 世纪的新政治，以多极化、民主化为特点。这正是"和而不同"。孟子的名言是："天时不如地利，地利不如人和。"①在 21 世纪，东方文化与西方文化将进一步相互渗透、相互融合，走向"和合"，这将为实施"和平教育"提供全球性的文化背景。

从系统科学看，有三个层次的"和谐"：个体层次的和谐（个人与个人）；群体层次的和谐（集体与集体）；整体层次的和谐（人类与自然）。只有和谐才能减少这三个层次的各种冲突。要互动地、发展地、整体地认识冲突和解决冲突。系统科学为实施"和平教育"提供了强有力的方法论。

没有可持续发展，不可能有持久和平。发展教育与和平教育是不可分割的。可持续发展的观念已逐渐被全世界所认同，这是一种新的社会文明观。它要求社会发展在满足当代人需要的同时，决不能对后代人的需要造成危害，要实现社会经济与生态环境的协调发展。可持续发展观也可以表述为：既要满足当代社会和人的发展要求，又要满足后代社会和人的发展需要。可持续发展的思想将成为发展教育的重要内容。20 世纪人们争论不休的关于教育应是个人本位还是社会本位的问题，在新世纪还将争论下去。一旦真正接受了可持续发展的观念，个人的和谐发展与社会的和平发展并不矛盾。提高个人素质，有利于社会进步；社会发展良好，有利于个人提高。从可持续发展观引申出：在社会中一些人得到发展的同时，决不能对另一些人的发展造成危害。如果造成危害，便对社会发展产生不利影响，最终每个人的发展都会受到损失。可持续发展使我们领悟到：社会中一些人得到发展，也要使另一些人得到发展。孔子十分强调："己欲立而立人，己欲达而达人。"② 即自己要生存，也帮助别人生存；自己要发展，也帮助别人发展。孔子这一"伦理原理"正是可持续发展这一世界伦理原理的古代原型。

在特定历史条件下的某个国家的教育，当太强调个人本位，以至于引向

---

① 《孟子·公孙丑下》。
② 《论语·雍也篇第六》。

极端个人主义时，显然就需要通过强调社会本位来平衡；在特定历史条件下的某个国家的教育，当太强调社会本位，以至于扼杀人的个性发展时，显然就需要通过强调个人本位来平衡。这种波浪式的发展在新世纪还将继续重演。只要不走到过分极端的状态，这种波浪式发展就有其合理性。如果用 0 和 1 表示两个极端，最好不要从 0 跳到 1，又从 1 跳到 0，因为这样选择付出的代价太高。用优选法的语言来说，在 0.382 和 0.618 之间波动是可以接受的。

教育本身如何得到发展？邓小平指出："教育要面向现代化，面向世界，面向未来。"一个没有现代化的社会，一个战争动乱的世界，一个充满暴力的未来，这不利于教育的发展。和平对于教育发展也至关重要。对国家和民族而言，要真正实现可持续发展；对家庭和个人而言，要真正实现和谐发展。这都迫切需要我们认真研究发展教育。

从经济上看，发展模式已从"粗放型"向"集约型"转化。粗放型即主要依靠资本和劳动力，而较少依靠技术进步去增长经济；集约型即主要依靠提高劳动者素质，以及主要依靠技术进步去增长经济。与此相应，教育的发展模式也必须由粗放型转向集约型。即由主要依靠师生拼体力、占时间进行教学，转变为主要依靠师生的主体性、科学性进行教学。

教育既有促进社会发展的功能，又有促进个人发展的功能，还有协调人与自然发展的功能，三者兼而有之。以教育的一种功能去否定教育的另一种功能是片面的。和平教育和发展教育，既要促进社会的和平发展，又要促进个人的和谐发展，还要促进人与自然的协调发展。教育要促进人、社会、自然三者的和平与发展，这是新世纪新教育的功能观。单纯以人、社会、自然中的某一项"为本"的提法，从整体看会逐渐失去意义。

和平教育与发展教育，两者紧密相关，故可合称为和平发展教育。这有可能是新世纪新教育的特点之一。和平发展教育的具体化，则要求实施终身素质教育。

1.2　终身素质教育的目的观

　　终身教育是指一个人在整个一生都要不断接受教育。教育已由狭义的学校教育，扩展为广义的包括家庭教育、学校教育、社会教育、自我教育在内的"大教育"。在 20 世纪，毛泽东提出"人民教育"的新概念，这已包含了全民终身教育的思想。法国人保罗·朗格朗的《终身教育引论》产生了世界性的影响。终身教育的观念正在被世界所认同。为什么需要终身教育？因为一方面，一个人在学校里接受的教育，已不能满足社会发展的需要，在新世纪知识更新将会更快，就更需要终身教育；另一方面，提高人的素质是不可能有终点的，人人都需要继续教育，需要"活到老，学到老"。终身教育观必然引向素质教育；同理，素质教育观必然导致终身教育。

　　1985 年，邓小平在全国教育工作会议上首次将"把教育搞上去"与提高"劳动者的素质"联系起来论述。邓小平说："我们国家，国力的强弱，经济发展后劲的大小，越来越取决于劳动者的素质，取决于知识分子的数量和质量。一个十亿人口的大国，教育搞上去了，人才资源的巨大优势是任何国家比不了的。有了人才优势，再加上先进的社会主义制度，我们的目标就有把握达到。"[①] 这是中国提出"素质教育"的缘起。

　　素质教育是以提高人的素质，包括思想道德素质、文化科学素质、劳动技能素质、身体心理素质为宗旨的教育。国际 21 世纪教育委员会向联合国教科文组织提交的报告《教育——财富蕴藏其中》指出，教育有四大支柱："学会认知，即获取理解的手段；学会做事，以便能够对自己所处的环境产生影响；学会共同生活，以便与他人一道参加人的所有活动并在这些活动中

[①]　《邓小平文选》，第三卷，人民出版社 1993 年版，第 120 页。

进行合作；最后是学会生存，这是前三种学习成果的主要表现形式。"① 中国提出的提高人的"四大素质"，与国际上提出的教育的"四大支柱"是全方位对应的。

上述教育的"四大支柱"可以更准确地译为：学会求知（learning to know）；学会做事（learning to do）；学会共处（learning to live together）；学会做人（learning to be）。周南照指出："to be"的原意，在这里不应是"生存"、"存在"，而应是"to be human"，"to be a complete man"，即成为（真正意义上的）人，成为完整的人。② 教育的"四大支柱"彼此是密切相关，不可分割的。四大支柱，其核心是学会做人。

同样，上述"四大素质"彼此密切相关，不可分割。对人的发展而言，缺少了哪一方面的素质都不行。江泽民同志要求青年学生做到：坚持学习科学文化与加强思想修养的统一，学习书本知识与投身社会实践的统一，实现自身价值与服务祖国人民的统一，树立远大理想与进行艰苦奋斗的统一。这"四个统一"正是将"四大素质"相互密切结合起来，而起核心作用的素质则是思想道德素质。

认识到教育的"四大支柱"与"四大素质"的一致性，则可知"素质教育"并非中国人杜撰出来的新名词，而是与国际"接轨"的。教育是个大概念，素质教育是其中的一个子概念。古代的"武士教育"、近代的"绅士教育"、现代的"精英教育"等等，这些都不是"素质教育"。"素质教育"最鲜明的特点是：它要求人们改变过去在教育目的上的纯功利主义观，不是以升官、发财、出名、得利等为目的，而是以不断提高和完善人的各种素质为目的，使之真正成为一个终身学习的过程。这种教育目的观有利于使教育的功能真正得到体现：既促进个人的和谐发展，又促进社会的和平发展，还要促进人与自然的协调发展。

---

① 国际 21 世纪教育委员会向联合国教科文组织提交的报告：《教育——财富蕴藏其中》，教育科学出版社 1996 年版，第 75 页。

② 周南照为"走进学习时代丛书"所写的前言：《终身学习与教育的四大"支柱"》，见周南照、孙云晓主编，郑新蓉、卜卫等著：《学会求知》，北京出版社 1999 年版，第 1~11 页。

在经济上，整个世界（当然包括中国在内）正处在从工业经济转变到知识经济的过程之中。工业经济重视物质生产，忽视人的发展，把人当做工具，没有把人当做人。马克思主义关于人的全面发展的学说正是在批判资本主义工业经济造成了人的异化的基础上，提出了共产主义社会应当是以人的全面发展为目标。知识经济重视知识生产、知识创新，必然强调人的和谐发展。新经济将劳动者平均受教育年限和专利的数量作为经济增长的内生变量，必然重视提高人的整体素质和创新能力。知识经济为人的和谐发展提供了条件和可能，从而为人的素质全面发展打好了基础，铺平了道路。21世纪的新经济以全球化、信息化为特点。只有实施终身素质教育才能与新经济相适应。

生活在世界上的人们，每一个人都需要不断提高自身的素质，以适应社会发展。提高素质是一个终身的过程，从幼年、少年、青年、中年到老年，因此素质教育应是终身素质教育。素质教育并不是以单纯达到某种功利目标为宗旨，当然也不是以提高某种考试成绩为宗旨。应试教育只是基础教育阶段教学方法层次上的小概念，而素质教育是教育哲学层次上的大概念。在新世纪的新教育中，没有必要将素质教育与应试教育作为平行的一对矛盾来研讨。随着高等教育从精英化走向大众化，应试教育将会逐渐淡化，但素质教育却仍需大力提倡。对于中老年人的教育，应试从来是不明显的，但是强调实施素质教育则是十分必要的。

素质教育是一种教育思想，或者说是一种教育理念，简言之，它是一种教育观。正如自然观与方法论是一致的，辩证自然观引导出辩证方法，系统自然观引导出系统方法；教育观与方法论也是一致的，素质教育这种教育观必然会引导出相应的素质教育模式。模式是一种科学操作和科学思维的方法。终身素质教育这种新教育观，必然会引导出相应的新教育方法论。认识到教育观可以转化为相应的方法论这一点非常重要，因而关于素质教育是教育思想还是教育模式的争论便失去了意义。

终身素质教育是新世纪新教育的目的观。树立这种新的教育目的观，才能真正达到教育平等之目的，才能使从古至今人类追求的有教无类、教育公平、教育机会均等理念的实现成为可能。通过终身素质教育，从而实现教育平等。表面看起来，终身素质教育是否定了过去纯功利主义的教育目的观。但是从长远来看，它能协调教育个人本位和社会本位的矛盾，协调人的发展与自然发展的矛盾，最终使个人、社会、自然三者都得到协调发展，从而使整个人类获得最大限度的"功利"，而非少数人一时短暂的"私利"。这种教育目的观是值得人类接受和选择的。

终身教育与素质教育，两者紧密相关，故可合称为终身素质教育。这有可能是新世纪新教育的第二个特点。终身素质教育的具体化则要求实施科学人文教育。

1.3 科学人文教育的价值观

科学教育是指提高人的科学知识水平和能力，增强科学素质的教育；人文教育是指提高人的人文知识水平和能力，增强人文素质的教育。这两种教育对新世纪中的每一个人都是不可或缺的。回顾 20 世纪，在世界范围内，无论东方还是西方，都存在两大相互分离的思潮：唯科学主义思潮和唯人文主义思潮。当科学主义排斥人文主义的合理内容时，就成为偏激的唯科学主义；当人文主义否定科学主义的合理内容时，就成为偏激的唯人文主义。新世纪的新教育不会选择唯科学主义，也不会选择唯人文主义，而只会选择有人文精神的科学主义和有科学精神的人文主义。为了避免"科学主义"和"人文主义"这些术语已经产生的偏差，这里暂且称为"科学人文主义"。21世纪的新文化，以融合化、网络化为特点，必然会促进科学与人文的融合。

从课程论看，科学类的课程是包括理工学科和技术学科在内的课程；人文类的课程是包括文史哲学科，以及音乐、美术、艺术在内的课程。在 20 世纪的教育中，由于文理的严重分割，有的国家在一段时期内，甚至基础教育阶段就实行文理分科教学，于是就形成素质有明显缺陷的两类知识分子群体：科学知识分子和人文知识分子。正如斯诺在《两种文化》中所指出的，这两类知识分子存在一条难以相互理解沟通的鸿沟。从教育课程的性质和方法看，科学重视客体工具、认识自然、外在解释、数学表述、定量分析；人文则重视主体价值、认识个人、内在体验、语言表述、定性分析。这两类知识分子容易相互看不起，对同一问题的解决往往难以取得一致。前者容易接受科学主义，后者容易接受人文主义。这就是 20 世纪两大哲学思潮形成的基础。

在 20 世纪教育哲学中的存在主义、永恒主义，就是强调人文学科的意义，重视主体价值，否定科学的客观工具；在 20 世纪科学哲学中的实证主义、还原主义，就是强调科学技术的意义，重视客观工具，否定人文的价值判断。科学主义和人文主义的争论，在新世纪将会继续下去。对个体而言，有所偏向，问题不大；但对于整体而言，偏向明显，则后果严重。科学主义太过分了，需要人文主义作补充；人文主义太过分了，需要科学主义作补充。这种波浪式发展也有其合理性。历史经验告诉我们，对于上述争论的问题，不能走极端之道，而应当用互补原理，持中庸之道。

科学主义和人文主义，关系到人们对教育价值观的选择。客体对主体需要的满足就表现出价值。什么是最有价值的知识？是科学知识还是人文知识？什么是最有价值的课程？是科学课程还是人文课程？在 20 世纪，对上述问题的不同偏向，形成科学主义的教育价值观与人文主义的教育价值观。科学主义的教育价值观分为两种：一是技术至上的教育价值观，重视科技创造发明，强调技术专业课程；二是理论至上的教育价值观，重视建构理论体系，强调系统学习科学。人文主义的教育价值观也分为两种：一是以个人为中心的教育价值观，重视发展个性，强调艺术体育课程；二是以社会为中心的教育价值观，重视适应社会，强调社会科学课程。作为个体的人有所偏好问题不大，但作为教育系统偏差太大，则影响人的素质提高，影响社会发展，也会影响人与自然的协调发展。

从新世纪和平发展教育的功能观看，从终身素质教育的目的观看，教育系统应当同等重要地将科学课程和人文课程提供给人们自由选择，可多选少选，可先选后选，但不可不选。

从和平发展教育和终身素质教育的观点来看，科学主义与人文主义的争论会逐渐减弱。早在 1936 年，爱因斯坦在《论教育》中就明确表态："对于古典文史教育的拥护者同注重自然科学教育的人之间的抗争，我一点也不想偏袒哪一方。"① 在新世纪，我相信大家会逐渐同意爱因斯坦的看法。因此，严格区分科学主义与人文主义便失去了原有的意义。从历史到现实，还有强调"道法自然"，"回归自然"，"人与自然协调发展"，重视自然本位的哲学思潮，且称为自然主义。新自然主义的壮大，显然可以缓解科学主义与人文主义的两极对立。21 世纪的新科技，以生态化、智能化为特点，必然会促进人文、科学、自然走向协调。

科学人文教育是新世纪新教育的价值观。有科学精神的人文教育，才是有价值的人文教育；有人文精神的科学教育，才是有价值的科学教育。新世纪和平发展教育的功能观、终身素质教育的目的观，必然导致我们选择科学人文教育的价值观。

科学教育与人文教育，两者紧密相关，故可合称为科学人文教育。这有可能是新世纪新教育的第三个特点。

1989 年，我撰写了《21 世纪的教育展望与选择》②。该文受到钱学森教授的肯定。钱学森在《要为 21 世纪社会主义中国设计我们的教育事业》一文中写道："不久前见到查有梁同志写一篇论 21 世纪的文章，讲到教育观念必须转变，教育体制灵活多元，教育模式综合互补，都很好。""我以为最根本的是教育观念的革新。"③ 顾明远教授在《为了未来的教育》中指出："教育观念的改变要比教育制度的改变困难得多。""教育是未来的事业，就必须具有未来的眼光，教育观念的转变就成为极其重要的问题。首先要建立一个

---

① 《爱因斯坦文集》，第 3 卷，许良英、赵中立、张宣三编译，商务印书馆 1979 年版，第 146 页。

② 查有梁：《21 世纪的教育展望与选择》，《科技导报》1989 年第 2 期；收入《中国教育家展望 21 世纪》，山西教育出版社 1997 年版。

③ 钱学森：《要为 21 世纪社会主义中国设计我们的教育事业》，《教育研究》1989 年第 7 期。

符合时代发展的教育价值观。教育的目的是什么？教育的功能在哪里?"①
受钱学森教授、顾明远教授的启发，我重新研究新世纪新教育的教育观。经
过长期思索，方才得出本章的认识。

综上所述，新世纪新教育的功能观应是和平发展教育，新教育的目的观
应是终身素质教育，新教育的价值观应是科学人文教育。和平发展教育、终
身素质教育、科学人文教育三者的整合，将是新世纪新教育的历史使命。

1.4　和谐教育的多种释义

释义之一：建设和谐社会，需要和谐教育。没有和谐教育，就没有和谐
社会；同样，没有和谐社会，也就没有和谐教育。和谐社会与和谐教育是同
步发展的。古今中外都有不少有关和谐教育的论述，对我们都有所启发。不
过，当今中国的和谐社会、和谐教育是在科学发展观引领下提出的。科学发
展观的要点是："坚持以人为本，树立全面、协调、可持续的发展观，促进
经济、社会和人的全面发展。"所以"和谐教育"的释义应是：坚持科学发
展观的教育。

释义之二："和"、"谐"这两个中国字，最早出现在《管子》一书中，
书中写道："畜之以道则民和，养之以德则民合。和合故能谐，谐故能辑，
谐辑以悉，莫能伤之。"这段话的意思是：有道则和，有德则合，有"道德"
则"和合"；有"和合"则"和谐"，有"和谐"则"团结"，有"团结"则
"成功"。所以"和谐教育"的释义应是：道德教育放在首位，以和谐促进团
结和成功。

释义之三：老子在《道德经》中提出一个鲜明的观点："道法自然"。老
子强调天、地、人三者的发展应当是和谐发展。他概括为："道生一，一生

---

① 顾明远：《为了未来的教育》，朱永新、徐亚东主编，《中国教育家展望 21 世纪》一书的序，
山西教育出版社 1997 年版，第 3 页。

二，二生三，三生万物。""人法地，地法天，天法道，道法自然。"对于天、地、人的和谐，老子提出一个方法论原理："反者道之动，弱者道之用。"对立物相统一才能和谐。"有无相生，难易相成，长短相形，高下相倾，音声相和，前后相随。"对于治国者，他主张要"无为而治"，要实行"不言之教"，要做到"为而不争"，"功成而不居"，方能缓和社会冲突，实现和谐共处。所以"和谐教育"的释义应是：天地人都要"道法自然"，顺应自然才可能持续发展。

释义之四：孔子强调"和为贵"，"有教无类"，提出一个非常深刻的论点："君子和而不同，小人同而不和。""和而不同"，即是承认多样，主张多样，不相同又和谐，即是发展。从多样中寻求统一，通过多样而达到精益求精。社会中一些人得到发展，也要使另一些人得到发展，即孔子所说的"己欲立而立人，己欲达而达人"。孟子的名言是"天时不如地利，地利不如人和"。所以"和谐教育"的释义应是：人人都有相同的机会受到教育，尊重个性发展，促进所有的人都得到和谐发展，以促进社会的和谐发展。

释义之五：中国字"和"，左边是"禾"，是指种庄稼，指粮食生产；右边是"口"，是指解决人吃饭的问题，"民以食为天"。只有发展生产，解决了生存问题，才会有"和"；中国字"谐"，左边是"言"，指人发表言论，右边是"皆"，指所有的人。只有人人都能自由地各抒己见，心情舒畅，才会有"谐"。所以从字义上看，"和谐教育"的释义应是：发展生产，发展科技，满足人们对物质文明的需求；言论自由，发扬民主，满足人们对精神文明和政治文明的需求。

释义之六：古代希腊的杰出哲人都提倡和谐教育。在西方教育史上，苏格拉底最早提出了知识和德行的关系以及教育在培养德行中的作用。柏拉图提出灵魂由三部分组成：理性、意志和感情。理性表现为智慧，意志表现为勇敢，感情表现为节制。亚里士多德提出三种灵魂：植物的灵魂、动物的灵魂、理性的灵魂。与这三种灵魂相对应有三方面的教育：体育、德育和智育。教育的目的在于发展这三个方面，使体、德、智得到和谐发展。欧洲文艺复兴继承和发扬了古希腊的上述教育思想。例如，欧洲人文主义的教育思想就十分重视体育、德育、智育三者的和谐。捷克教育家夸美纽斯提出以适应自然作为教学的根本原理，以求得教学过程的和谐。后来的教育学家又拓展了适应自然的内涵，将适应社会、适应个性、适应思维囊括进去。所以"和谐教育"的释义应是：教育的目的在于使受教育者在体、德、智三方面得到和谐发展。体、德、智三者不可偏废，整体同步发展，教育要适应自然，包括适应社会、适应个性、适应思维。

释义之七：瑞士教育家裴斯泰洛齐提出教育的目的在于发展人的一切天赋力量和能力，这种发展应是全面发展、和谐发展、自由发展。爱因斯坦十分强调教育的目的是培养和谐发展的人。爱因斯坦说："学校的目标始终应当是：青年人在离开学校时，是作为一个和谐的人，而不是作为一个专家。照我的见解，在某种意义上，即使对技术学校来说，也是正确的。"他认为"和谐发展"即是善、美和真的统一，即道德、艺术和科学的统一。陶行知先生认为"教学做合一"是达到教育目标的重要途径。在人才培养上，中国古人一直重视"德才识统一"。所以"和谐教育"的释义应是：使人人得到和谐发展是教育的目的所在。要通过"真善美统一"、"教学做合一"、"德才识统一"的方式去进行教育。

释义之八："和谐"常常指部分与部分、部分与整体之间的协调，相互之间关系的协调。世界公认教育的"四大理念"：国际理解、回归生活、关爱自然、教育民主。世界公认教育的"四大支柱"：学会学习、学会做事、学会共同生活、学会生存。中国提倡的素质教育主张提高人的"四大素质"：思想道德素质、文化科学素质、劳动技能素质、身体心理素质。中国新课程改革提倡为所有学生打好"四大基础"：基本知识、基本技能、基本态度、基本方法。中国政府提出的教育方针是：使所有的受教育者，在德、智、体、美、劳诸方面都得到全面发展。所以"和谐教育"的释义应是：教育的"四大理念"、"四大支柱"、"四大素质"、"四大基础"以及"五育"中的每一项都是不可或缺的，和谐教育即是全面发展的教育。

释义之九：科学精神与人文精神两者的有机整合、真正融合是 21 世纪全球文化发展的总趋势。有科学精神的人文教育，才是有价值的人文教育；

同样，有人文精神的科学教育，才是有价值的科学教育。新世纪和平发展教育的功能观，终身素质教育的目的观，必然导致科学人文教育的价值观。从系统科学的角度来看，"和谐"有三个层次：其一，个人与个人之间通过信息反馈、自我反思实现和谐，从而达到协调进步；其二，群体与群体之间通过开放交流，包容宽容，形成彼此"和合"的整体，从而达到共同发展；其三，人类与自然通过相互理解、相互关爱实现整体和谐，从而达到可持续发展。所以"和谐教育"的释义应是：科学精神和人文精神要整合融合，个人与个人、群体与群体、人类与自然都要相互协调，以求得可持续发展。

释义之十："健康教育"是"和谐教育"的重要内容。"健康第一"不仅指"个体"的健康，而且指"群体"的健康，以及"整体"的健康。损害了人的健康，对个性、群体、整体都是不利的。人人都应懂得并努力去实践：养身之道，在于运动；养心之道，在于放松。人人都要"拒绝毒品，爱护生命"。社会上要努力消除黄色、赌博、毒品的泛滥。健康教育的哲理、伦理、心理、生理、物理，这"五理"都是不可缺少的。人类可持续发展需要健康的环境、健康的生态、健康的社会、健康的体魄、健康的灵魂。保护健康，才有个人和社会的可持续发展。所以"和谐教育"的释义应是：健康教育是和谐教育的重要组成部分。要坚持将哲理、伦理、心理、生理、物理这"五理"结合起来进行健康教育。

释义之十一：诺贝尔物理学奖获得者，美国贝尔实验室首席科学家阿诺·彭齐亚斯专门写了一本书——《和谐》。他认为：世界经济在经历数量时代、质量时代之后，正在走向一个新的时代——和谐时代。书中论述了和谐时代的特征，即直接获取信息、便利的经济、重视人格化、建筑式组织管理、从协作求价值、技术融合和复新环境。和谐时代即是走向知识经济的时代。知识经济重视知识生产、知识创新，把人当做人，强调人的和谐发展。所以"和谐教育"的释义应是：适应世界走向知识经济，走向和谐时代的教育，是以重视人格化、从协作求价值、技术融合和复新环境等为特征的教育。

第2章　中国优秀教师、优秀学生的素质调查

2.1　调查问卷的设计思路

中国提倡"素质教育"。教育是培养人的，重在提高人的素质。《中国教育改革和发展纲要》中强调，教育要培养人的"四大素质"：思想道德素质、文化科学素质、劳动技能素质、身体心理素质。从20世纪80年代中期开始，我们系统地研究了优秀教师的素质、优秀学生的素质、优秀校长的素质、优秀家长的素质，并于1991年出版了专著《教育人才素质研究》。从那时至今，又经过十多年的调查研究，我们在有关方面的成果又有所改进和完善。本书将向教师提供10个教育人才素质调查的问卷，并公布我们的调查结果。

——问卷 A　优秀教师的素质调查

——问卷 B　优秀学科教师的素质调查

——问卷 C　优秀班主任的素质调查

——问卷 D　优秀主任的素质调查

——问卷 E　优秀校长的素质调查

——问卷 F　优秀家长的素质调查

——问卷 G　优秀学生的素质调查

——问卷 H　学习优秀学生的素质调查

——问卷 M　差生不良行为表现的调查

——问卷 N　差生不良行为的原因调查

本章将介绍 7 个问卷：问卷 A、问卷 B、问卷 C、问卷 D、问卷 E、问卷 G、问卷 H。在第 3 章最后一小节"给教师提供的问卷"中，将介绍其余 3 个问卷。

我们的方法是：每一张问卷列出 40 个条目，让被调查者（主要是学生，也包括教师、校长、家长以及社会上其他人群）根据各自的直觉和逻辑、认识和感情，选择出相对最重要的 10 个条目。问卷不针对任何个人，因此真实性较高；问卷不伤害任何个人，因此不会使人反感；问卷不填写被调查者的姓名等个人情况，因此不会使人为难和不安。调查问卷的设计是半封闭式与开放式相结合的。所谓半封闭式，是指每一张问卷内的 40 个条目相对固定；所谓开放式，是指允许被调查者写出不同于这 40 个条目的其他任何意见。在学校使用问卷，主要是以班级为单位进行调查，以举手的方式进行统计，这样较为简单易行，效率较高。

根据系统科学的反馈原理，我们认为，民意调查的结果如果不及时反馈，就失去了调查的意义。虽然进行教育民意调查的过程本身就是一个教育过程，但每一"个体"如果不知"群体"的看法，即不了解调查统计的结果，就不了解自己的行为如何才能符合"民意"。将调查的统计结果反馈给教师群体、学生群体、校长群体、家长群体，使"群体"了解"群体"的看法，就会使大家明确目标。通过多次反馈，就可以有效地、普遍地提高教育质量和改进工作。例如把学生群体的看法及时反馈给教师、校长、家长，把教师、校长、家长的看法及时反馈给学生，把一个地区的校长们（30～50 名校长。根据统计学原理，在民意调查中，样本数达到 30～50 人，便具有统计意义了。）的看法及时反馈给教师、学生、家长，把教师、学生、家长的看法及时反馈给校长等等。这种把群体的看法及时反馈给群体的工作过去往往重视不够。我们要增强民主意识，增强科学意识，遵从反馈原理是必须的。

　　根据系统科学的有序原理，我们认为，仅仅把民意调查局限在学校范围之内，封闭起来，不利于提高教育质量。教育调查问卷中有优秀家长的素质调查，因此有关调查的结果无疑应反馈给家长。同时，利用召开家长会的机会，对家长们进行普遍的调查是很有必要的。我们认为，对中观教育系统（"学校—班级"这样的系统）内的教师、学生、校长、家长最好采用普查式的民意调查，即全面整体调查；此外，还应定期在社会上进行抽样式的民意调查，以便做横向的比较。普查过程是教育过程。抽样是为了迅速了解民意。在教育民意调查中，重视开放性原则，这才符合系统科学的原理。

　　系统科学告诉我们：非平衡态系统内的各要素之间存在着非线性相互作用，因而在时空中具有非均匀性、非对称性和相干性这样三个特点。首先，非均匀性表现在相互作用的方式和结果会依地点、时间、条件、范围的不同而发生变化。把这一特点应用在教育民意调查上，则知调查统计结果在各地、各校、各班以及今年、去年、明年等将是不一致的。实际调查统计结果表明了这种不一致性是非均匀的。这恰好说明了中观教育系统是一个非平衡系统。其次，非对称性表现在参与相互作用的诸要素所处的地位与所起的作用是不同的。把这一特点应用在教育民意调查上，则知学生、教师、校长、家长、社会其他成员对于优秀教师的素质、优秀学生的素质、优秀校长的素质、优秀家长的素质等等的调查统计是不一样的，是非对称的。用社会学的语言说，就是"角色"不同，认识与感情便有所差异。实际调查结果表明了这种非对称性，这恰好又说明了中观教育系统是一个非平衡系统。最后，相干性表现在相互作用的诸要素在相互制约、相互干扰中丧失了自身的完全独立性，从而形成一定的整体性。把这一特点应用在教育民意调查上，则知从调查表中选择出的所占比例较大的各项之间并非是各自独立的，而是有一定的相关性，形成一种优秀教师、优秀学生、优秀校长、优秀家长的整体素质。实际调查结果表明了这种相干性，这恰好进一步说明了中观教育系统是一个非平衡系统。这启发我们，中观教育系统可形成真正的"自组织系统"，而教育民意调查的统计分析与及时反馈，正是可以充当"自组织"的重要手段之一。

在进行调查之前，我们还阐述了教育调查的目的和方法：

教育调查问卷是为了了解不同岗位的人们对教育的各种看法而设计的。教育调查问卷不是针对个体，而是针对群体；不在于了解局部，而在于认识整体；不在于寻找典型，而在于掌握统计。目的是为了全面提高教育质量。

实践表明，回答问卷的过程本身就是一个教育过程，统计分析、公布结果、进行比较、反馈群体等过程同样是一个教育过程。教育调查不仅是为了了解情况，更重要的是使大家明确下一步应当朝什么方向努力。

对不同地区、不同时间、不同范围、不同类型的人们进行教育调查，其统计分布是不相同的。这种不均匀性和变化性是正常的。教育调查是学校中每一学年中应该做的一项常规工作。把每学年的各种调查统计积累起来，便于作各种横向和纵向的比较，这有利于教育改革。

为了能够较客观地了解大家对教育的看法，希望每一位回答问卷的人如实地表述出自己的选择，而不要受其他人的影响，按照自己的想法填写。每一张调查表都列有 40 项，请从中选出认为相对说来最重要的 10 项，填写在答卷纸上。不要多选，也不要少选。如果还有不同于问卷中 40 项的其他看法，也在答卷纸上填写。

2.2 优秀教师的素质调查

在 20 世纪 80 年代末，我们就设计了"问卷 A"，并进行了广泛调查和统计、分析。

问卷 A 优秀教师的素质调查

什么样的教师是优秀教师？请在本表中选出 10 项您认为优秀教师应首先具备的重要素质。请把本表各项内容全部看完，然后在答卷纸上圈填。

A01. 有组织能力　　　　　　　　　A21. 尊重学生，对学生关心爱护

A02. 有责任感　　　　　　　　　　A22. 教学能抓住重点，突出关键

A03. 办事不拖拉，效率高　　　　　A23. 和家长联系，帮助学生

A04. 对学生有耐心　　　　　　　　A24. 有民主意识

A05. 重视品德教育　　　　　　　　A25. 善于引导、帮助学生解决问题

A06. 知识面广　　　　　　　　　　A26. 专业水平高

A07. 讲解透彻明白　　　　　　　　A27. 准确了解学生的问题及原因

A08. 教学进度适中，缓急有度　　　A28. 重视学生能力的培养

A09. 运用各种教育技巧授课　　　　A29. 作风正派

A10. 教学生动有趣，容易领悟　　　A30. 有效地管理课堂

A11. 能圆满解答学生的问题　　　　A31. 良好的仪表，有风度

A12. 时常给予学生各种鼓励　　　　A32. 兴趣广泛，多才多艺

A13. 布置作业合理，批改作业认真　A33. 有幽默感

A14. 教学时语言生动流畅　　　　　A34. 态度和蔼可亲

A15. 不刺伤学生的自尊心　　　　　A35. 对学生一视同仁

A16. 注意教与学的及时反馈　　　　A36. 不保守，思想解放

A17. 敢于承认自己的失误　　　　　A37. 理解当代学生的思想

A18. 鼓励学生自己思考问题　　　　A38. 严格要求学生

A19. 用正面态度引导学生　　　　　A39. 能较快地接受新思想、新方法

A20. 愿意多参与学生活动　　　　　A40. 敢于创新，有进取心

如果您有不同于上表中 40 项的其他看法，请将您的观点写在下面：

对问卷 A 的调查结果进行统计，一次曾有 50% 以上的调查对象选择过的项目有：

①有责任感（本书提供的钥匙是 K2，K6）

②重视品德教育（本书提供的钥匙是 K2，K6）

③有幽默感（本书提供的钥匙是 K12，K16）

④不刺伤学生的自尊心（本书提供的钥匙是 K14，K15）

⑤对学生一视同仁（本书提供的钥匙是 K2，K6）

⑥教学生动有趣，容易领悟（本书提供的钥匙是 K12，K13，K14）

⑦知识面广（本书提供的钥匙是 K1，K2，K4）

⑧敢于承认自己的失误（本书提供的钥匙是 K2，K6）

⑨有组织能力（本书提供的钥匙是 K1，K3，K8）

⑩理解当代学生的思想（本书提供的钥匙是 K1，K4，K14）

⑪尊重学生，对学生关心爱护（本书提供的钥匙是 K2，K6，K15）

⑫重视学生能力的培养（本书提供的钥匙是 K2，K6，K15）

2.3　优秀学科教师的素质调查

从 20 世纪 90 年代起，我们又设计了"问卷 B"，并进行了广泛调查和统计、分析。

问卷 B　优秀学科教师的素质调查

什么样的学科教师是优秀教师？请在本表中选出 10 项您认为在教学中教师应首先具备的重要素质。请把本表各项内容全部看完，然后在答卷纸上圈填。

B01. 普通话讲得好	B12. 善于因材施教
B02. 板书优美	B13. 关怀后进学生
B03. 讲课富有感情	B14. 能诚恳地接受学生的意见
B04. 语言幽默	B15. 备课认真，教案清晰
B05. 逻辑性强	B16. 讲课有艺术性
B06. 善于从形象到抽象	B17. 重视学科的交叉、渗透
B07. 善于让学生走出困境	B18. 讲课重视前后联系，形成整体
B08. 演示清楚明白	B19. 讲解有历史感
B09. 能很好地调节课堂气氛	B20. 能适时变换教法
B10. 讲课由浅入深，引人入胜	B21. 善于启发学生思考
B11. 上课要求严格	B22. 重视学生参与

问卷B　优秀学科教师的素质调查

B23. 讲课生动活泼	B32. 能分层次指导学生
B24. 态度和蔼可亲	B33. 善于提出好的问题
B25. 能激发学生兴趣	B34. 能满意地回答学生的问题
B26. 善于应用各种教学媒体	B35. 讲课内容丰富、有针对性
B27. 善于将新知识充实到课堂中	B36. 能从学生实际出发，节奏适宜
B28. 指导学生不断改进学法	B37. 开场白、结束语很有特色
B29. 不夸耀自己，不贬低别人	B38. 重视将新技术应用到课堂中
B30. 让学生有议论的时间	B39. 课堂教学模式多种多样
B31. 能机智地处理偶发事件	B40. 教学有创新

如果您有不同于上表中40项的其他看法，请将您的观点写在下面：

对问卷B的调查结果进行统计，一次曾有50%以上的调查对象选择过的项目有：

①善于启发学生思考（本书提供的钥匙是K1，K8，K14）

②善于因材施教（本书提供的钥匙是K1，K4，K14）

③重视学生参与（本书提供的钥匙是K7，K8，K9）

④指导学生不断改进学法（本书提供的钥匙是K1，K9，K10）

⑤能激发学生兴趣（本书提供的钥匙是K1，K10，K12）

⑥讲课由浅入深，引人入胜（本书提供的钥匙是K11，K13，K15）

⑦逻辑性强（本书提供的钥匙是K1，K5）

⑧善于应用各种教学媒体（本书提供的钥匙是K5，K12，K15）

⑨教学有创新（本书提供的钥匙是K1，K8，K10）

⑩讲课富有感情（本书提供的钥匙是K2，K6，K12）

2.4　优秀班主任的素质调查

从 20 世纪 90 年代起，我们还设计了"问卷 C"，并进行了广泛调查和统计、分析。

问卷 C　优秀班主任的素质调查

什么样的班主任是优秀班主任？请在本表中选出 10 项您认为优秀班主任应首先具备的重要素质。请把本表各项内容全部看完，然后在答卷纸上圈填。

C01. 有责任感	C21. 能巧妙处理偶发事件
C02. 对学生有爱心	C22. 敢于承认自己的失误
C03. 重视思想品德教育	C23. 经常与学生交流思想感情
C04. 理解当代学生的思想	C24. 管理工作细致
C05. 对家长很热心	C25. 有修养、有学识
C06. 有组织能力	C26. 少说教，重感染
C07. 班级建设有计划	C27. 对搞好班主任工作有信心
C08. 善于增强班级的凝聚力	C28. 办事民主
C09. 开展多项活动培养学生能力	C29. 严格要求学生
C10. 平等地对待每一位学生	C30. 尊重每一位家长
C11. 身教重于言教	C31. 会讲演
C12. 善于与各科教师合作	C32. 善于激发学生的上进心
C13. 和蔼可亲，平易近人	C33. 有人格魅力
C14. 富有创新精神	C34. 善于寓教于乐
C15. 能即时化解学生之间的矛盾	C35. 活泼，有幽默感
C16. 有效培养班干部	C36. 知识面广
C17. 关怀后进学生	C37. 因材施教
C18. 善于发现学生的闪光点	C38. 重视培养学生自己管理自己的能力
C19. 能虚心听取学生意见	C39. 人际关系良好
C20. 熟悉每一位学生	C40. 教育有艺术性

问卷 C　优秀班主任的素质调查
如果您有不同于上表中 40 项的其他看法，请将您的观点写在下面：

对问卷 C 的调查结果进行统计，一次曾有 50％以上的调查对象选择过的项目有：

①有责任感（本书提供的钥匙是 K2，K6）

②对学生有爱心（本书提供的钥匙是 K2，K6）

③身教重于言教（本书提供的钥匙是 K5，K6，K7）

④善于与各科教师合作（本书提供的钥匙是 K3，K4）

⑤理解当代学生的思想（本书提供的钥匙是 K1，K4，K14）

⑥平等地对待每一位学生（本书提供的钥匙是 K2，K6）

⑦善于增强班级的凝聚力（本书提供的钥匙是 K3，K4）

⑧富有创新精神（本书提供的钥匙是 K1，K2，K3，K4）

2.5 优秀主任的素质调查

问卷 D 优秀主任的素质调查

　　主任是学校的中层干部，包括教导主任、政教主任、总务主任。请在本表中选出10项您认为优秀主任应首先具备的重要素质。请把本表各项内容全部看完，然后在答卷纸上圈填。

D01. 工作深入实际	D21. 尊重教师、尊重校长
D02. 责任心强	D22. 对各学科都有较好理解
D03. 平易近人	D23. 有实干精神
D04. 有较高的理论水平	D24. 工作任劳任怨
D05. 有教育科研组织能力	D25. 对学校建设有远见
D06. 办事民主	D26. 及时与校长、教师沟通信息
D07. 对人公正	D27. 组织能力强
D08. 善于协调各种意见	D28. 以身作则
D09. 胸襟开阔，豁达大度	D29. 较好地掌握教育规律
D10. 有总揽全局的能力	D30. 理解班主任工作的特点
D11. 了解每个教师的个性	D31. 懂得各学科教师的工作方式
D12. 理解当代学生的思想	D32. 工作有预见性
D13. 风趣、幽默	D33. 有甘心为教师服务的精神
D14. 有人格魅力	D34. 善于协调家长与学校的关系
D15. 主动配合校长工作	D35. 能处理好学校与社会的关系
D16. 处理问题及时而妥当	D36. 廉洁奉公
D17. 重视学习，不断更新知识	D37. 经常及时肯定教师的优点
D18. 有改革创新意识	D38. 重视学生素质的全面发展
D19. 重视校际交流	D39. 讲演有号召力
D20. 对学生有爱心	D40. 知识渊博，爱好广泛

如果您有不同于上表中 40 项的其他看法，请将您的观点写在下面：

2.6　优秀校长的素质调查

在20世纪80年代末，我们就设计了"问卷E"，并进行了广泛调查和统计、分析。

问卷E　优秀校长的素质调查

什么样的校长是优秀校长？请在本表中选出10项您认为优秀校长应首先具备的重要素质。请把本表各项内容全部看完，然后在答卷纸上圈填。

E01. 注意及时更新知识	E21. 发现、启用拔尖人才
E02. 了解当代师生的思想状况	E22. 作风民主，平易近人
E03. 有威信，教师学生信服	E23. 有较高的教育理论水平
E04. 工作效率高	E24. 具备教育管理知识和能力
E05. 认真听取师生、家长的意见	E25. 善于团结同志，会做思想工作
E06. 善于任人所长	E26. 创造条件使教师发挥才能
E07. 鼓励教师进行改革	E27. 尊重教师劳动
E08. 善于总结教育改革的经验	E28. 注意借助社会力量来帮助办学
E09. 任劳任怨	E29. 了解学校各种课程的内容特点
E10. 办学有特色	E30. 善于表达，言行一致
E11. 对学校的发展有长远规划	E31. 注重学生的全面发展
E12. 严格要求，赏罚分明	E32. 有经济头脑，增加学校收入
E13. 为人正直，办事公道	E33. 关心教师疾苦
E14. 竞争意识强，使学校有声望	E34. 注重教师素质的提高
E15. 对人亲切，使人敬佩	E35. 对教育事业有献身精神
E16. 敢于抵制不正之风	E36. 为人宽容大度，不苛刻
E17. 有创造性	E37. 爱学生、关心人
E18. 坚持原则，以身作则	E38. 思想不保守僵化
E19. 意志坚强，遇到困难不退让	E39. 善于组织协调
E20. 具备较高的政治理论水平	E40. 勇于承担责任

如果您有不同于上表中40项的其他看法，请将您的观点写在下面：

对问卷 E 的调查结果进行统计，一次曾有 50％以上的调查对象选择过的项目有：

①有威信，教师、学生信服（本书提供的钥匙是 K2，K3，K6）

②了解当代师生的思想状况（本书提供的钥匙是 K7，K14）

③善于任人所长（本书提供的钥匙是 K1，K17，K18）

④坚持原则，以身作则（本书提供的钥匙是 K2，K6）

⑤为人正直，办事公道（本书提供的钥匙是 K2，K6）

⑥严格要求，赏罚分明（本书提供的钥匙是 K5，K17，K18）

⑦认真听取师生、家长的意见（本书提供的钥匙是 K4，K17，K18）

⑧工作效率高（本书提供的钥匙是 K1，K2，K3，K4）

⑨注意及时更新知识（本书提供的钥匙是 K1，K5，K17）

⑩办学有特色（本书提供的钥匙是 K1，K17，K18）

2.7　优秀学生的素质调查

问卷 G　优秀学生的素质调查

　　什么样的学生是优秀学生？请在本表中选出 10 项您认为优秀学生应首先具备的重要素质。请把本表各项内容全部看完，然后在答卷纸上圈填。

G01. 诚实	G21. 对前途充满信心
G02. 乐于助人	G22. 关心爱护班集体
G03. 遵守学校纪律	G23. 爱整洁，不追求时髦
G04. 对人有礼貌	G24. 学习勤奋刻苦
G05. 活泼大方	G25. 虚心诚恳，不自满
G06. 兴趣多样，爱好广泛	G26. 接受能力强
G07. 积极参加学校各项活动	G27. 要求自己严格
G08. 学习成绩好	G28. 能灵活运用知识解决问题
G09. 善于开展班级工作	G29. 生活、学习有规律
G10. 有较强的自学能力	G30. 及时完成作业
G11. 注意积累知识	G31. 考试认真，不作弊
G12. 喜欢思考问题	G32. 关心国家大事和国际时事
G13. 性格开朗	G33. 劳逸结合
G14. 体质良好	G34. 掌握、运用正确的学习方法
G15. 有自信心，不自卑	G35. 热爱劳动
G16. 知识面较广	G36. 勇于向老师、同学请教问题
G17. 尊重教师	G37. 富于创新精神
G18. 愿意为同学服务	G38. 有较多的文学、美学知识
G19. 有好奇心、有强烈求知欲	G39. 敢于提出自己的意见和见解
G20. 心胸宽广，为人大度	G40. 与同学关系融洽

如果您有不同于上表中 40 项的其他看法，请将您的观点写在下面：

对问卷 G 的调查结果进行统计，一次曾有 50％以上的调查对象选择过的项目有：

①诚实（对应的工具是 T3，T9。参见本书的姊妹篇《给教师的 18 个工具——教师应掌握的心理学方法》，下同）

②心胸宽广，为人大度（对应的工具是 T4，T5）

③有较强的自学能力（对应的工具是 T3，T8，T9）

④兴趣多样，爱好广泛（对应的工具是 T1，T2）

⑤学习成绩好（对应的工具是 T1，T8）

⑥学习勤奋刻苦（对应的工具是 T3，T10，T15）

⑦喜欢思考问题（对应的工具是 T1，T2）

⑧富于创新精神（对应的工具是 T6，T8，T16，T17）

⑨与同学关系融洽（对应的工具是 T13，T14）

2.8　学习优秀学生的素质调查

问卷 H　学习优秀学生的素质调查

什么样的学生学习成绩优秀？请在本表中选出 10 项您认为学习成绩优秀的学生首先应具备的素质。请把本表各项内容全部看完，然后在答卷纸上圈填。

H01. 有上进心	H21. 勤于动手做实验
H02. 学习有兴趣	H22. 主动争取老师的辅导
H03. 课前做好准备	H23. 不懂就问，直到真懂
H04. 勇于质疑	H24. 考试做好充分准备
H05. 积极思考问题	H25. 有恒心、有毅力
H06. 上课注意力集中，专心听课	H26. 不自卑、不自满
H07. 当天复习当天的功课	H27. 有自信心
H08. 有自我控制能力	H28. 做完习题后，自我进行检查
H09. 认真听课	H29. 每章学完后，自己做总结
H10. 会记笔记	H30. 讨论问题时能各抒己见
H11. 有超前学习功课的欲望	H31. 虚心学习同学的优点
H12. 珍惜时间，学习有计划	H32. 寻求多种思路解决问题
H13. 生活有规律，上课精力充沛	H33. 循序渐进地学习
H14. 求知欲强	H34. 不断探索适合自己的学习方法
H15. 重视提高阅读能力	H35. 善于从做中学
H16. 独立思考，力求领悟	H36. 积极参与教学活动
H17. 善于抓住要点	H37. 主动适应教师的教法
H18. 重点关键，反复记忆	H38. 边读书边记下要点
H19. 课前认真预习	H39. 善于拓展知识面
H20. 乐于背诵好的课文	H40. 有强烈的成功期望

如果您有不同于上表中 40 项的其他看法，请将您的观点写在下面：

对问卷 H 的调查结果进行统计，一次曾有 50％以上的调查对象选择过的项目有：

①有自我控制能力（对应的工具是 T3，T9）

②珍惜时间，学习有计划（对应的工具是 T1，T2，T5）

③有上进心（对应的工具是 T5，T4）

④不懂就问，直到真懂（对应的工具是 T1，T2）

⑤虚心学习同学的优点（对应的工具是 T2，T13）

⑥有恒心、有毅力（对应的工具是 T4，T5）

⑦不断探索适合自己的学习方法（对应的工具是 T8，T9）

⑧善于拓展知识面（对应的工具是 T1，T2）

⑨独立思考，力求领悟（对应的工具是 T1，T2，T8，T9）

⑩上课注意力集中，专心听课（对应的工具是 T3，T8）

K1　"四象限"思维模式：从逻辑、操作、艺术、交往四个方面进行系统思维。

第3章 教师要认识使命"善于学习"

3.1　提高思维能力：系统思维（K1）

3.1.1　思维模式分类及其应用

作者将"思维模式"与"课程分类"、"方法模式"、"学习模式"、"教学模式"、"智能模式"、"气质类型"、"神经活动类型"、"全脑模型"等分类，进行系统分析和反复调试，进行尝试性归纳和探索性演绎，最后将"思维模式"分为四大类：逻辑型（A）、操作型（B）、艺术型（C）、交往型（D）。从逻辑、操作、艺术（或称为情感）、交往四个方面进行思维，作者简称为系统思维。

要解决问题就需要思维。用逻辑方法解决问题，即是逻辑思维（A）；用实验方法解决问题，即是操作思维（B）；用艺术方法解决问题，即是艺术思维（C）或称情感思维；用交往方法解决问题，即是交往思维（D）。从上述四种思维模式去解决问题，相对地说较为全面。《论语》中写道："子以四教：文、行、忠、信。"孔子用四种方式教育学生，恰恰对应着上述四种思维模式：文化知识，强调逻辑思维；行为实践，强调操作思维；忠心处事，强调情感思维（或艺术思维）；信约交际，强调交往思维。可以用四句通俗的话来表达上述四种思维模式："晓之以理"，应用逻辑思维；"导之以行"，应用操作思维；"动之以情"，应用情感思维（或艺术思维）；"传之以神"，应用交往思维，即在交往中传播出精神实质。在解决教学问题时，"晓之以理，导之以行，动之以情，传之以神"四种方式都应用到，教学效果难道不会改善吗？这四种思维模式也对应着现代心理学所强调的四个要素，即知、行、情、意。

国际公认的教育理念是国际理解、回归生活、关爱自然、教育民主，这也是将四种思维模式综合了起来。国际理解，重理性，着重在逻辑思维；回归生活，重行为，着重在操作思维；关爱自然，重情感，着重在情感思维；教育民主，重社会，重群体，着重在交往思维。它们也可分别视为 A，B，C，D，综合起来就是一种系统思维。

国际公认教育的四大支柱是学会认知、学会做事、学会共同生活、学会做人。学会认知，着重在逻辑思维（A）；学会做事，着重在操作思维（B）；学会共同生活，着重在情感思维（C）；学会做人，着重在交往思维（D）。

上述分类当然是相对的，并非彼此孤立，而是相互联系，是你中有我，我中有你。既要分类思维，又要组合思维，这样才是辩证思维。每一种思维模式与其他思维模式都不是非此即彼，而是亦此亦彼。例如"学会认知"只是着重在逻辑思维，与其他三种思维也有联系。"学会认知"与"学会做事"、"学会共同生活"、"学会生存"都是相关的；同样，"逻辑思维"与"操作思维"、"情感思维"、"交往思维"也都是相关的。从思维分类来看思维整合，又从思维整合来看思维分类，分中有合，合中有分，这样灵活进行思维，才有利于思维创新。

新课程改革强调的是教学"四基"：基本知识，主要是概念和原理，着重于逻辑思维（A）；基本技能，主要是实验与操作，着重于操作思维（B）；基本态度，包括情感、态度与价值观，着重于情感思维（C）；基本方法，包括过程与方法，着重于交往思维（D）。上述教育的"四大支柱"与教学"四基"显然是对应的。

我们提出的"四象限"思维模式，为了便于记忆，应用笛卡儿"坐标法",将逻辑思维（A）放置在第一象限,操作思维（B）放置在第二象限,情感思维（C）（或艺术思维）放置在第三象限,交往思维（D）放置在第四象限。上面的叙述,可绘成六张图:

```
行        文            行        知
   B   A                  B   A
─────┼─────            ─────┼─────
   C   D                  C   D
忠        信            情        意
```

图 3-1　孔子的"四教"　　　**图 3-2　心理学"四要素"**

```
导之以行 │ 晓之以理        回归生活 │ 国际理解
   B    A                  B    A
────────┼────────        ────────┼────────
   C    D                  C    D
动之以情 │ 传之以神        关爱自然 │ 教育民主
```

图 3-3　教学"四大方法"　　　**图 3-4　教育的"四大理念"**

```
                         基本技能  │ 基本知识
                        （实验与操作）│（概念与原理）
学会做事 │ 学会认知          B   │   A
   B    A                ──────┼──────
────────┼────────           C   │   D
   C    D                 基本态度  │ 基本方法
学会共同 │ 学会生存        （情感、态 │（过程与方法）
  生活                     度与价值观）│
```

图 3-5　教育的"四大支柱"　　**图 3-6　新课程标准的"四基"**

作者在研究四大思维模式之后，在《新教学模式之建构》（2003 年）一书中提出了五种较为普遍的教学模式："启发—创新"教学模式（A 型），"交流—互动"教学模式（B 型），"审美—立美"教学模式（C 型），"调查—反思"教学模式（D 型），以及"整体—融合"教学模式（综合型）。相应的，作者提出了四种学习模式：启发接受、活动探究、形象体验、合作交流，分别与 A，B，C，D 四种思维模式相对应。

"交流—互动" 教学模式	"启发—创新" 教学模式		活动探究 学习模式	启发接受 学习模式
B	A		B	A
C	D		C	D
"审美—立美" 教学模式	"调查—反思" 教学模式		形象体验 学习模式	合作交流 学习模式

图 3-7　作者提出的教学模式　　图 3-8　作者提出的学习模式

美国学者乔伊斯（Joyce，B.）等人在《教学模式》（2000 年，第六版）中提出四种教学模式：信息加工型教学模式、行为系统型教学模式、个人型教学模式、社会型教学模式，也是分别属于 A 型、B 型、C 型、D 型。如果分析一下，也可简化归类为：A. 认知模式，因为信息加工型主要应用认知心理学的原理，重在认知，可分类为逻辑型的教学模式；B. 行为模式，因为行为系统型教学模式主要应用行为主义的原理，重在操作，可分类为行为型的教学模式；C. 情感模式，因为个人型教学模式主要重个性发展，重个性差异，主要应用人本主义的原理，重在人的情感，可分类为情感型的教学模式；D. 群体模式，因为社会型教学模式主要应用合作主义或称集体主义的原理，重社会交际，重角色扮演，重群体沟通，可分类为群体型的教学模式。它们也都分属 A，B，C，D 四种思维模式。

行为系统型 教学模式	信息加工型 教学模式	行为模式	认知模式
B	A	B	A
C	D	C	D
个人型 教学模式	社会型 教学模式	情感模式	群体模式

图 3-9 乔伊斯的教学模式 　　图 3-10 简化的四大类教学模式

　　逻辑思维（A）的特点是：人应用语言、数学、逻辑（包括形式逻辑、辩证逻辑、数理逻辑）中的文字、数字、符号等，通过抽象概念去解决问题；操作思维（B）的特点是：人应用实物、仪器、机器等，通过动手操作去解决问题；艺术思维（C）的特点是：人应用图像、音乐、模型等，通过情感体验到的形象去解决问题；交往思维（D）的特点是：人与人之间应用调查、统计、讨论等，通过交流、互动、反思去解决问题。

　　与逻辑思维等价或近似的表述是：理论思维、形式思维、抽象思维、辩证思维；与操作思维等价或近似的表述是：经验思维、具体思维、行动思维、实验思维；与艺术思维等价或近似的表述是：形象思维、情感思维、直觉思维、审美思维；与交往思维等价或近似的表述是：统计思维、互动思维、反思思维、换位思维。

　　根据与"全脑模型"的对应研究得知：逻辑思维（或称"分析家型"思维）主要是使用人的左脑上部；操作思维（或称"组织家型"思维）主要是使用人的左脑下部；艺术思维（或称"梦想家型"思维）主要是使用人的右脑上部；交往思维（或称"交际家型"思维）主要是使用人的右脑下部。

```
        操作思维              逻辑思维
人——实物、仪器、机器   人——语言、数字、逻辑
主要使用人的左脑下部     主要使用人的左脑上部
                  B  A
                  C  D
        艺术思维              交往思维
人——图像、音乐、模型   人——人（调查、统计、讨论）
主要使用人的右脑上部     主要使用人的右脑下部
```

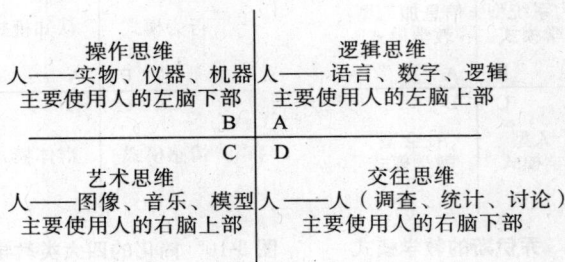

图 3-11　四大类思维模式及其特点

上述研究与霍华德·加德纳（Howard Gardner）的"多元智能"的分类有如下对应关系：

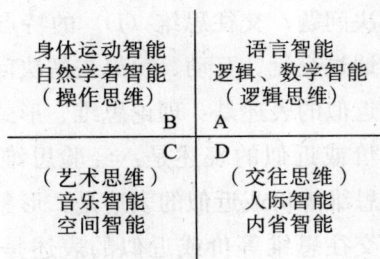

```
  身体运动智能            语言智能
  自然学者智能        逻辑、数学智能
  （操作思维）          （逻辑思维）
              B  A
              C  D
  （艺术思维）          （交往思维）
   音乐智能              人际智能
   空间智能              内省智能
```

图 3-12　思维模式与多元智能

3.1.2　四种教育价值取向

应用上述四种思维模式及其组合，可以分析四种教育价值取向的内涵与利弊。

第一种，为应试而教育的价值取向。这是一种单一的价值取向，即只重视学生书面文字的逻辑思维（A），只抓学生的语文、数学、外语这些升学要考试的科目，一切为了升学考试，或一切为了留学考试。这种价值取向培养的学生，突出的特点是"会应试"。全部时间和精力去为应试而教育，必然以牺牲学生的动手能力（操作思维）、审美能力（艺术思维）、交际能力

（交往思维）为代价，导致学生单纯"会应试"，不会动手操作，不会审美立美，不善社会交往。这显然不利于学生的全面和谐发展。在"升学第一"、"留学至上"的年代，为应试而教育的价值取向有相当的市场。纯粹为应试而教育的价值取向，既不利于个人潜能的发展，也不利于社会的可持续发展。要通过改革考试制度，抑制人们选择这种价值取向。

第二种，为专业而教育的价值取向。这是一种功利的价值取向，是一种较早就只重视学生今后所选专业的思维模式，是为了学生有一技之长，能较快谋生，选择理工科专业方向的学生，重视逻辑和操作（A＋B）；选择人文和社会科学专业方向的学生，重视艺术与交往（C＋D）；选择艺术和体育专业的学生，重视艺术与操作（C＋B）。在升学竞争十分激烈的年代，这种较早确定专业方向，为专业而教育的价值取向，有其实用性与合理性。但是从长远看，这种功利的价值取向并不利于学生的终身和谐发展，并不利于学生个性潜力的开发。比之为应试而教育的单一的价值取向，为专业而教育这种功利的价值取向还是要稍好一些。但对于中学生而言，这不是一种真正好的价值取向。

第三种，为生活而教育的价值取向。这是一种较综合的价值取向。即除了重视逻辑、操作之外，还十分重视艺术审美，或者还十分重视人际交往。是 A＋B＋C，或是 A＋B＋D。这种为生活而教育的价值取向，并非单纯为应试而教育，亦非过早为专业而教育，而是为了学生有充实的精神生活，适应学生的个性发展，适应今后社会的需要而教育。强调逻辑则"会考试"，强调操作则"会动手"，强调艺术则"会审美"，强调交往则"会交际"。为生活而教育的价值取向，不可能是单一的价值取向。因为生活是丰富的，是变化着的，必然需要较综合的价值取向。这种为生活而教育的价值取向，显然优越于为应试而教育的价值取向，也优越于为专业而教育的价值取向。

第四种，为发展而教育的价值取向。这是一种整合的价值取向，即除了重视逻辑、操作、艺术之外，还加强社会交往的教育，是 A＋B＋C＋D。这种价值取向强调学生的全面和谐发展，使其在今后不仅能创业，而且能创新。为发展而教育的价值取向的关键词是"发展"。这个"发展"的内涵是：

在个人和谐发展的基础上，促进社会的可持续发展；是将个人本位与社会本位统一起来，实现个人与社会的协调发展。国际 21 世纪教育委员会提出教育有四个支柱：学会认知、学会做事、学会共同生活、学会生存（或译为"学会做人"）。这正是为发展而教育的整合的价值取向。中国强调实施素质教育，素质包括思想道德素质、文化科学素质、劳动技能素质、身体心理素质。这也是为发展而教育的整合的价值取向。

3.1.3　新课程改革的价值取向

20 世纪初，中国的教育主要效法欧美，开始了现代教育的课程改革。20 世纪 50 年代初，中国教育从效法欧美转而全盘学习苏联。苏联教育的价值取向，从中学到大学主要是为专业而教育的价值取向。对于一个经济落后、工业薄弱的国家，为了快些培养急需的专业人才，教育上选择为专业而教育这种功利的价值取向，在一定时期内有其合理性，但是做过了头，就有明显的局限性。1958 年中国的"教育革命"以及 1966 年至 1976 年的"文化大革命"，就课程改革而言，是更加趋向实用，更加走向功利，是典型的为专业而教育的价值取向。

中国在教育理论上强调以马克思主义关于人的全面发展学说为指导；毛泽东强调的教育方针是要培养学生在"德、智、体诸方面都得到发展，成为有社会主义觉悟、有文化的劳动者"。指导理论是正确的，指导方针也是正确的，但是在具体实施时，一段时期却与此大相径庭，为专业而教育的功利的价值取向常常居于主流地位。应当说，选择这种价值取向，一定程度上是符合国情的，也取得了一些成效，但是随着信息时代和知识经济时代的到来，随着中国全面建设小康社会，建设有中国特色的社会主义的推进，教育必须选择更加合理的价值取向。

中国从 2001 年正式开始的新课程改革，正在从地区试验走向全国实施。作者认为，新课程改革的价值取向是明确地选择了为发展而教育的整合的价值取向。

从整个国家的教育大环境看，中国主流的思想是反对应试教育，提倡素质教育。前面已经分析了应试教育是一种单一的价值取向，不利于人的全面和谐发展；而素质教育是一种为发展而教育的整合的价值取向，有利于个人和社会的协调发展。正是基于此，新课程改革中，对于各门学科的课程标准，都在过去强调掌握基本知识、基本技能的基础之上，新增加了重视情感、态度和价值观，重视过程与方法，重视科学探究，重视科学、技术和社会的关系，目的在于使学生的综合素质能得到和谐发展，学会认知、学会做事、学会共同生活、学会做人。从思维模式看，新课程改革既重视逻辑和操作，又重视艺术审美和社会交往，是 A＋B＋C＋D 的模式。

　　从具体的语文学科看新课程改革，我的理解是：语文学科应当是经典的语文（逻辑性）、实用的语文（工具性）、审美的语文（人文性）、交往的语文（社会性）这四者的整合。只强调工具性，或只强调人文性，都属于为专业而教育的功利的价值取向。强调上述四者整合，则属于为发展而教育的整合的价值取向。（见图 3-13）

　　外语（主要是英语，其次还有俄语、法语、日语等）课程的改革，也应当是经典的外语（逻辑性）、实用的外语（工具性）、审美的外语（人文性）、交往的外语（社会性）这四者的整合，而不是只强调其一。

　　从思维模式分类以及教育价值取向的观点看，数学学科的新课程应当是形式的数学（逻辑性）、操作的数学（工具性）、直觉的数学（艺术性）、传播的数学（社会性）这四者的整合。只是强调逻辑性，或只是强调工具性，都属于为专业而教育的功利的价值取向。强调上述四者的整合，就可以将历史上数学哲学的逻辑主义、形式主义、直觉主义、结构主义等融合统一起来。这应当是为发展而教育的整合的价值取向。（见图 3-14）

实用的语文 （工具性）	经典的语文 （逻辑性）
B	A
C	D
审美的语文 （人文性）	交往的语文 （社会性）

操作的数学 （工具性）	形式的数学 （逻辑性）
B	A
C	D
直觉的数学 （人文性）	传播的数学 （社会性）

图 3-13　从思维模式看语文课程改革　　图 3-14　从思维模式看数学课程改革

从系统思维看（A，B，C，D），仅仅强调工具性或人文性显然都是不足的，真正好的语文课程应当是逻辑性、工具性、人文性、社会性四者的综合。仅仅强调逻辑性或操作性显然也是不足的，真正好的数学课程应当是逻辑性、操作性、艺术性、社会性四者的综合。

作者在《教育模式》（1993年）一书中，将现代物理教材对应的教学模式分为四大类：A类，学术模式。特点是：学术中心，研究讨论。基本过程是：原理→结构→方法→能力。这一类突出逻辑思维。B类，实验模式。特点是：实验中心，问题讨论。基本过程是：观察→实验→问题→讨论。这一类突出操作思维。C类，鉴赏模式。特点是：审美立美，鉴赏中学。基本过程是：图像→模型→实验→原理。这一类突出情感思维（即突出艺术思维、形象思维）。D类，文化模式。特点是：文化中心，历史地学。基本过程是：背景→阅读→实验→指导。这一类突出交往思维。（见图3-15）而作者是强调系统模式，是A，B，C，D的综合应用，特点是：系统中心，联系地学。基本过程是：实验→原理→问题→结构→应用。这是作者将"四象限"的系统思维应用于物理教学模式的建构。对于中学物理课程的改革，作者同样建议：理论的物理，重逻辑性；实验的物理，重操作性；审美的物理，重艺术性；文化的物理，重社会性。应将这四者整合起来，如图3-16所示：

实验模式	学术模式	实验的物理 （操作性） 归纳方法为主	理论的物理 （逻辑性） 演绎方法为主
B	A	B	A
C	D	C	D
鉴赏模式	文化模式	审美的物理 （艺术性） 直觉方法为主	文化的物理 （社会性） 历史方法为主

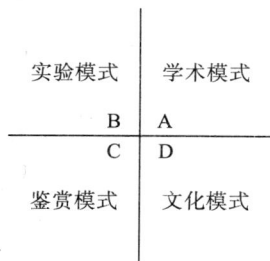

图 3-15　物理教学的四大模式　　图 3-16　从思维模式看物理课程改革

再以科学课程为例。其最突出的特点是：融合的科学、探究的科学、有趣的科学、发展的科学四者的统一。融合的科学突出逻辑思维，以科学统一的核心概念贯穿科学课程的始终，以此方式让学生去学习和掌握科学的知识和能力；探究的科学突出操作思维，通过设计科学的活动情境，让学生参与和经历科学探究的过程；有趣的科学突出艺术思维，强调科学的情感、态度和价值观，以此方式让学生去体验科学的人文精神；发展的科学突出交往思维，重视科学、技术和社会三者的关系，以此方式让学生去领会和领悟科学的整体发展观，从而让学生理解人与人、人与自然、人与社会都需要协调关系，只有关系协调，才可能得到持续发展。这样编写科学教材，正是自觉地选择为发展而教育的整合的价值取向。（见图 3-17）

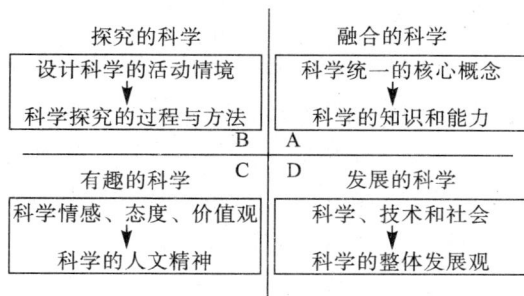

探究的科学	融合的科学
设计科学的活动情境 ↓ 科学探究的过程与方法	科学统一的核心概念 ↓ 科学的知识和能力
B	A
C	D
有趣的科学	发展的科学
科学情感、态度、价值观 ↓ 科学的人文精神	科学、技术和社会 ↓ 科学的整体发展观

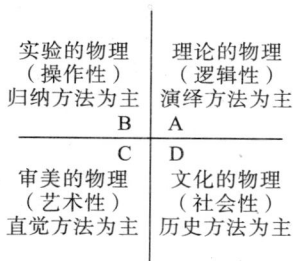

图 3-17　从思维模式看科学课程改革

从系统思维看，科学课程应当是融合的科学、探究的科学、有趣的科学、发展的科学四者的统一。

3.2 案例：系统思维的应用

我认真拜读了成都市双流县白家小学的校长和教师们集体撰写的教学论著《教师课堂教学行为案例分析》（以下简称《案例分析》），边看边想，感触良多。总的评价是：这是一本有理论深度，有模式建构，有丰富案例，写得简明生动，易于交流传播的教学论著。我与校长宋祖成有一次较长的交谈，他对"教学研究"的深邃思考，令我钦佩不已。这本书就是在他的带领下，集全校教师的智慧而写成的。这是一所小学通过校本教研对教师进行校本培训的好方法、好途径。一所农村小学通过教育科研整体地提高了全校教师的教学水平，显著地提高了全校学生的学习质量，难能可贵！

这本书解决了教学论中的一个重要的带规律性的问题，具有重要意义和普遍价值，所以我的序言就取名为"一所小学的大教学研究"。下面是通读全书后，按照我的理解，拓展地、概略地进行的论述，基本的内容大都是《案例分析》中有的，我对这个"大教学研究"的再学习、再研究，只是逻辑结构上的微调，思维模式上的重构。我以此作为系统思维的一个应用实例。

3.2.1 对思维模式分类的重新认识

这本书系统地回答了这样两个问题：是什么因素影响着教师的课堂教学行为？怎样有效地改善教师课堂教学的行为？这两个问题是紧密联系在一起的。

其一是教师的教学理念影响着教学行为。这是从逻辑思维上去分析解决问题。教学理念是教师在教学实践中形成的对教学的基本观点和根本看法。当代世界公认的教育理念是："国际理解，回归生活，关爱自然，教育民主。"这一教育理念当然会直接影响我们的教学理念，从而影响我们的教学行为。因此，更新教学理念直接影响着教师的教学行为。新的教学理念，不同的人可能有不尽一样的表述。我的表述是："理解知识，掌握方法，尊重个性，尝试创新。"基础教育中的教学重在打好基础，重视基本知识、基本技能、基本态度、基本方法。这"四基"都是不可忽视的。

其二是教师的教学行为本身会直接影响后续的教学行为。这是从操作思维上去分析解决问题。案例分析，即是通过对教师真实的教学行为的研究，概括出各种课堂教学的结构，进而优化课堂教学结构，并研究如何改进教师的教学行为。

其三是教师的教学情感（或称教学艺术）影响着教学行为。这是从情感思维（或称艺术思维）去分析解决问题。教学情境创设，师生情感投入，主要是从教学艺术、教学情感这方面去探究教师的教学行为以及如何改进教师的教学行为。

其四是教师的教学交往影响着教学行为。这是从交往思维去分析解决问题。在课堂教学之前、之中、之后，教师与教师、教师与学生、学生与学生，如何交往、沟通、传播、评价，都直接影响着教学行为。充分利用各种教学资源，有利于教学交往、教学传播。

因此，本书从更新教学理念、优化课堂结构、创设教学情境、变化教学方式、丰富教学资源等方面去认识是什么因素影响着教师的课堂教学行为，进而研究出如何有效地改善教师课堂教学的行为，这是较为全面的。其中，逻辑思维（A）、操作思维（B）、情感思维（C）、交往思维（D）都得到了充分应用，因而较好地解决了上述提出的两个问题。

3.2.2　课堂案例分析方法的归类

《案例分析》从理论上概括了课堂案例分析的七种方法。下面进一步应用思维模式来分析为什么有七种。A，B，C，D是四种基本思维模式，分析方法属于逻辑思维（A），按两两组合，且必须有逻辑思维A，则有七种排列：AA，AB，AC，AD，BA，CA，DA。

（1）系统分析法：系统属A型，分析属A型。系统分析属于AA型，即"逻辑—逻辑"型。

（2）联想分析法：联想到相关行为属B型，分析属A型。联想分析属于AB型，即"逻辑—行为"型。

（3）追踪分析法：追踪是追踪个体。个体是有情感、有个性的，属于 C 型，分析属 A 型。追踪分析属于 AC 型，即"逻辑—情感"型。

（4）决策分析法：决策来自于群体，且影响群体，是在交往中形成的，属于 D 型，分析属 A 型。决策分析属于 AD 型，即"逻辑—交往"型。

（5）行为分析法：行为属于 B 型，分析属于 A 型。行为分析属 BA 型，即"行为—逻辑"型。

（6）微格分析法："微格"是突出教师教学个性风格的一个片段，属于 C 型，分析属 A 型。微格分析属 CA 型，即"情感—逻辑"型。

（7）角色替换法："角色"通常指社会角色，是交往中所处的角色，属于 D 型。"替换"是指角色换位，设身处地，将心比心，由己推人，由人推己，有其逻辑性，属 A 型。角色替换属于 DA 型，即"交往—逻辑"型。

上述分析有点奇特，居然从理论上说明了为什么有七种案例分析方法。有点奇特就包含有创新的可能，可以使我们进一步思考这七种课堂案例分析方法的深刻内涵，进而启发我们再思考 BC，BD，CB，CD，DC，DB 型的课堂案例分析方法，增加创新的可能空间。

3.2.3　课堂案例分析的思考问题

成功者经常思考三个问题（分属 A 型、B 型、D 型），我增加一个问题（C 型），即有如下四个问题：

（1）这是唯一的解决办法吗？还有其他办法吗？

　　——这是从逻辑上来思考，可称为选择性的逻辑思维。

（2）如果那样去操作，会出现什么样的情况呢？

　　——这是从操作上来思考，可称为前瞻性的操作思维。

（3）出现这样的结果满意吗？情感上能接受吗？

　　——这是从情感上来体验，可称为体验性的情感思维。

（4）别人怎样看这个问题？别人会有怎样的感受？

　　——这是从交往上来思考，可称为换位性的交往思维。

做一件事，经常思考上述四个问题，分别从逻辑、操作、情感、交往这四种思维模式去思考，容易使办的事情获得较大成功。这四个问题以及相关的四种思维模式并非彼此孤立，而是相互联系，常常是你中有我，我中有你。既要分类思维，又要组合思维，才是辩证思维。

教学同样需要思考上述四个问题。《案例分析》提出课堂案例分析时，思考的八个问题分属 A 型、B 型、C 型、D 型。我以为这八个问题提得很好，我稍加修改，便于与上述四个问题比较：

（1）对于这个内容的教学，除了这一教案，还有哪些方式？

　　——这是开放性问题，着重于进行选择性的逻辑思维。

（2）对于提供的数据，得出这一结论，还有其他什么结论？

　　——这是诊断性问题，着重于进行选择性的逻辑思维。

（3）要完成教案计划需要做些什么？会出现什么情况？

　　——这是行动性问题，着重于进行前瞻性的操作思维。

（4）如果学生手里有辅助学具，会出现什么结果？

　　——这是假设性问题，着重于进行前瞻性的操作思维。

（5）你凭经验推测会出现什么情况？情感上能接受吗？

　　——这是挑战性问题，着重于进行体验性的情感思维。

（6）采取什么态度才可能结束这种令人尴尬的局面？

　　——这是化解性问题，着重于进行体验性的情感思维。

（7）你的学生参与这次活动，他们会有什么感受？

　　——这是搜索性问题，着重于进行换位性的交往思维。

（8）这一结论其他人能应用在其他学科了吗？

　　——这是扩展性问题，着重于进行换位性的交往思维。

由上述分析可知，这八个问题也是分别对应着四种思维模式。我在每一问题的分类中，都写上"着重于"，这是表明每一种思维模式与其他思维模式不是非此即彼，而是亦此亦彼，要灵活进行思考。

3.2.4　课堂案例分析的模式建构

《案例分析》建构了课堂案例分析模式作为主模式，其余三个为子模式。我认为，四个模式都是课堂案例分析模式，因而从逻辑上看，就不能仅仅将主模式称为课堂案例分析模式。我仍然按照四种思维模式的分类——这也是我在《教育建模》一书中应用的方式，将这本书的四个模式重新阐述如下：

（1）专题研讨模式。基本过程如下：问题建构→精选案例→理论准备→分析讨论→系统研讨。专题研讨模式着重从理论上来进行逻辑思维，以获得课堂案例分析带规律性的认识。

（2）问题诊断模式。基本过程如下：案例学习→找准问题→分析根源→寻找对策→验证反馈。问题诊断模式着重从行为上来进行操作思维，以找到改进教学行为的新对策。

（3）自我反思模式。基本过程如下：案例记录→轶事回顾→逐层分析→自我评价→确定方案。自我反思模式着重从教师自我的体验中进行情感思维，以便从教学艺术上总结经验和教训，逐渐形成自己特有的教学风格，使之在教学行为上更具有个性和魅力。

（4）综合评价模式。基本过程如下：案例学习→问题建构→案例讨论→反思拓展→总结升华。综合评价模式着重从师生交往、教学环境等群体因素进行交往思维，从而对一个教学案例给出综合性的评价，从整体上改进教师课堂教学的行为。这一模式即《案例分析》中所称的主模式。

上述四个课堂案例分析模式分别属于 A 型、B 型、C 型、D 型。专题研讨模式属于重在逻辑思维的认知模式，问题诊断模式属于重在操作思维的行为模式，自我反思模式属于重在情感思维的情感模式，综合评价模式属于重在交往思维的群体模式。用孔子的话讲，即分别属于"文"、"行"、"忠"、"信"。用现代心理学的术语讲，即分别属于"知"、"行"、"情"、"意"。

我的上述分析有些地方有点生硬，但优点是应用四种思维模式一以贯之地贯穿其中，从而显得更加美些。我的上述分析是作为系统思维应用的一个案例。

K2　关爱生命，重视使命：继承优秀传统，面向现实世界，热爱教育事业。

3.3　教师的生命与使命（K2）

3.3.1　继承优良传统

一个人大约经过 10 个月的生长历程才降临人间，他（她）的第一位教师就是他（她）的母亲。母亲给予我们生命，谁不爱自己的母亲呢？谁不珍惜生命的价值呢？

在当代，每一个人都要经过大约 20 年的学习历程，包括在家庭中学习，在学校里学习，在社会中学习，其中主要是在学校里学习，这样才有一技之长，有谋生的本领，才能得到一份工作，为人民服务，同时也逐步实现自己追求的理想。在近 20 年中，是教师使我们懂得了使命，知道人为什么要活在世界上，人怎样在社会上生存和发展，人与自然怎样才能得到协调的可持续发展。

生命是可贵的，使命更为可贵。所有的生物，包括动物、植物、微生物都具有生命，但是唯独人才懂得使命。生命给予使命以根基，使命提升生命的价值。没有生命，使命难以实现；没有使命，生命就显得平庸。生命具有自然属性，使命具有社会属性。生命和使命价值是统一的。对于教师而言，使命的价值更高。

孔子是中国的第一位职业教师，他首创私学。孔子提出了一个重要的伦理原理："己欲立而立人，己欲达而达人。"译成现代白话文即是：你自己想生存，也帮助别人生存；你自己想发展，也帮助别人发展。这一伦理原理已被全人类所接受。我们中国人认为，基本的人权生存权和发展权，正是来源于孔子的伦理原理。孔子提出"有教无类"，主张人人都享有受教育的权利，人人都应该受到教育，不区分类别，不分贫富，不分高低贵贱，一律平等。孔子有教无类的思想，正是基于他提出的伦理原理的自然引申：你自己想受教育，也帮助别人受教育。孔子被推为世界十大思想家的第一位，当之无愧，名正言顺。

教师的使命之一就是要深刻理解和努力实践"己欲立而立人，己欲达而达人"，认真做到"有教无类"。这是师德中最首要的一条。说得更通俗一点，就是教师的使命之一是热爱学生，一视同仁。

孔子告诉各位教师，要"学而不厌，诲人不倦"，对于学习要永不满足，努力学习，决不厌弃；教育他人要永不疲倦，认真施教，情绪饱满。荀子在《劝学》这一名篇中，第一句就写道："君子曰：学不可以已。"明确提出：学习是不可以停止的。上述孔子和荀子的话，其意思就正是当今全世界都认同的一个教育思想："终身学习"。

教师的使命之二就是要深刻理解和努力实践"学而不厌，诲人不倦"，"学不可以已"，要终身学习，并努力促进学生们终身学习。这是师德中最重要的一条。每个人只有终身学习，才能在变化的世界中求得生存与发展。

教师首先要学，然后才能教；学好才能教好，善于学才能善于教。为教之道与为学之道是一致的。为学之道是什么呢？儒家经典名篇《大学》开宗明义就写道："大学之道，在明明德，在亲民，在止于至善。"这一句话的意思很明确，即学习的规律，首先要明白做人的美德，亲近民众，回归生活，努力达到德才完美的最高境界。这正是教师的使命。"明德"、"亲民"、"至善"成为师德的标志，成为教师这种职业的要求。

儒家经典名篇《中庸》里将学习的基本程序概括为"博学之，审问之，慎思之，明辨之，笃行之"。教师要引导学生做到：广博地学习，认真地请教，慎重地思考，明白地辨别，踏踏实实地践行。"学、问、思、辨、行"五者要统一起来，一以贯之，永不停止。

教师的使命之三就是要深刻理解和努力实践"明德"、"亲民"、"至善"、"博学"、"审问"、"慎思"、"明辨"、"笃行"。这八项正是中国传统文化中对师德的更加深入的阐发。

3.3.2 面向现实世界

国际21世纪教育委员会向联合国教科文组织提交的报告中指出，教育有"四大支柱"："学会认知"（learning to know）、"学会做事"（learning to do）、"学会共同生活"（learning to live together）、"学会生存"（learning to be)。当前,中国教育发展的大方向是国家教育部一再强调的实施素质教育。教育是培养人,重在提高素质,主要包括"四大素质":思想道德素质、文化科学素质、劳动技能素质、身体心理素质。国际 21 世纪教育委员会强调的教育的"四大支柱"与《中国教育改革和发展纲要》强调的教育要培养人的"四大素质"本质是一致的。"四大支柱"与"四大素质"从整体看是全方位对应的,由此可以看到实施素质教育的重要性。在新时代,教师的使命就是要实施素质教育,重在提高学生的实践能力和创新精神。新课程标准强调了"四大基础":基本知识、基本技能、基本态度、基本方法,正是在教学中培养"四大素质"的必由之路,也是在教学中加强"四大支柱"的正确方法。

当今世界公认的教育的"四大理念"是:国际理解、回归生活、关爱自然、教育民主。"国际理解"就是要遵照"己欲立而立人,己欲达而达人"的原理。各国之间、各民族之间要相互宽容、相互包容,共同求得和平与发展。"回归生活"就是要"明德"、"亲民"、"至善",教师要回归到学生的生活世界,让学生得到有个性的和谐发展。"关爱自然"就是要遵照中国古代哲人老子"道法自然"的思想,按照教育规律育人,"博学之,审问之,慎思之,明辨之,笃行之"。"教育民主"就是要遵照"有教无类"的思想,人人都享有受教育的权利,受教育的机会均等。师生在人格尊严上完全平等,教师要"学而不厌,诲人不倦"。

从全球的视野看,教师的使命是努力让学生"学会认知、学会做事、学会共同生活、学会生存"。将国际公认的教育理念"国际理解、回归生活、关爱自然、教育民主"融入教育的全过程。上述分析使我们看到国际上公认的教育的四大支柱和教育的四大理念正是从孔子的智慧中吸取了不少精华,或者说与孔子的教育思想是基本一致的。孔子的生命早在两千多年前就结束了,然而孔子作为中国的第一位职业教师,他所完成的使命却一代一代传下来,不仅影响了中国,而且影响了世界。教师作为一个人,他的生命是短暂的、有限的,但是教师完成的使命却是长存的、无限的。每个人都珍惜自己的生命,教师们更珍惜自己的使命。教师在完成使命的过程中,不仅提升了自身的生命价值，同时也在完成使命的过程中获得了永生。

在四川的历史上，有两位伟大的教师。第一位伟大的教师就是带领四川人民修筑都江堰的李冰。他教导人们治水要"深淘滩，低作堰"。李冰治水的科学精神影响了全人类。都江堰已经历两千多年而不衰，现在仍能灌溉一千多万亩良田，早已被列为"世界文化遗产名录"。李冰所完成的事业至今在继续为人类作贡献。

另一位伟大的教师就是文翁，他是西汉蜀郡太守，他在成都创建了中国第一所地方官办学堂：石室学堂。石室学堂办学一直提倡和实践"师资高，学风严"。如果说孔子首创私学，那么文翁则首创公立学校。公立的石室学堂是面向平民招生，培养官员与学者，这在中国历史上是划时代的。石室学堂从公元前141年建校，直至当今的石室中学，已历经两千多年。在同一个地方连续办学如此久，这在世界历史上也是空前的。当代著名学者、北京大学教授季羡林为石室中学题词："古今一校，扬辉千秋。"这并非夸张。文翁办学的人文精神直接影响了全中国，也间接影响了全世界。文翁完成的使命至今在持续地为人类作贡献。

在中国巴蜀文化中，获得世界公认、经久不衰、影响深远的"两大亮点"正是：

李冰劈江灌天府，深淘滩低作堰。
文翁兴学智巴蜀，师资高学风严。

李冰、文翁这两位伟大的教师，他们的生命虽然早已结束，可是他们所肩负的使命却一代一代传下来，永世长存。他们是科教兴国的典范。在当代，我们要科教兴国，理当向李冰、文翁这两位伟大的教师学习。

3.3.3 热爱教育事业

对教师的使命、教师的师德有不少比喻。有的人把教师的使命比作蜡烛，是燃烧自己，照亮别人。人们常借用李商隐《无题》中的诗句："春蚕到死丝方尽，蜡炬成灰泪始干。"这个比喻有合理性，说明教师有奉献精神。

我现在把教师的使命比作星星，是照亮别人，也照亮自己，在照亮别人的同时，更加照亮了自己。

有的人把教师的使命比作人梯，学生是站在教师的肩上，从而看得更远，取得更大成功。这个比喻也有合理性，说明教师的使命是促进学生发展，要让学生超过教师。我现在把教师的使命比作气球，教师在将学生的精神世界提升到"高空"时，自己也随之升到更高的境界。

有的人把教师的使命比作园丁，学生就像花木。园丁要精心栽培，花木才能生长茂盛。这个比喻也有合理性，说明教师勤劳，有责任感。我现在把教师的使命比作大园丁，学生则是小园丁。大园丁要通过言传身教，身体力行，将精心栽培花木的知识、技能、态度、方法传授给小园丁。在大园丁和小园丁的共同努力下，实现百花齐放，林木森森，人与自然都协调地得到可持续发展。

大家都深知，要成为一个学生终身难忘、终身喜爱的教师非常不容易。教师要满意地完成培养人的使命，决非轻而易举的事情。从古至今，人们对教师的师德总是要求极高，期望教师"学为人师，行为世范"。一位教师不仅要有系统的专业知识，而且要具有讲授演示的能力；不仅要有人文艺术的修养，而且要具有社会交往的能力。受到学生欢迎的教师，在教育中总是努力做到"德、智、体、美、劳"五育并重，将美育融入教育的全过程：用全部智慧去发现美，用灵巧双手去创造美，用真情实意去感悟美，用诚实信誉去传播美。教育既是科学，又是哲学；既是技术，又是艺术。好的教育是这四者的有机融合。学无止境，教无止境，技无止境，艺无止境。教师的使命是光荣的，又是艰巨的；教师的使命是辛苦的，又是快乐的。

五十多年前，我是成都师范附属小学的学生，作为学生，我对师生关系的体验和感受是：

> 我们是小小的帆船，
> 航行在蓝色的海洋。
> 太阳给我们能量，

K3 及时总结经验教训：写教育自我小结，吸取他人经验，应用哲学总结经验。

老师为我们领航。

我们是小小的帆船，
航行在蓝色的海洋。
科技创造奇迹，
智慧就是力量。

我们是小小的帆船，
航行在蓝色的海洋。
让我们一齐划桨，
驶向美好的前方。

惜时，勤奋，自信，自强。
让我们一齐划桨，
驶向美好的前方。

3.4 40年教学的20条经验（K3）

教师应经常回答如下问题：
①你在备课方面有什么经验？
②你在上课方面有什么经验？
③你在考试方面有什么经验？
④你在提问方面有什么经验？
⑤你在教育教学的其他方面有什么经验？

教师经常总结自己的经验，经常吸取他人的经验，才有利于增强教育研究能力和教学研究能力。下面是作者总结自己40年教学经历所得的20条经验：

3.4.1 备课的经验

（1）备课时要对三套不同的教材进行反复比较，选择确定的教学内容和方法要适合于学生。教学内容70％左右要紧扣正在使用的教材，30％左右要纵横渗透，综合整合，作相关发挥。

（2）在假期中把新学期的课完全备好，包括各次考试的题目，要有一个整体的备课框架，然后才上课。最好的教学策略是按照"整体→部分→整体"进行教学。教师要尽量通读学生已经学过的教材。

（3）备课要掌握教材的整体结构，要深入了解学生的现状与需求，广泛搜集相关资料，合理取舍讲课的内容；只能讲授学生可能懂的内容，不能讲授学生无法理解的内容。

3.4.2 上课的经验

（4）上课怎样开头，怎样结束，要反复推敲。开头要激发兴趣，结束要让人回味。开头和结束都力求短小精悍，切忌拖泥带水。板书演示要清楚明了，重点和关键要突出鲜明。教师上课要坚决守时，决不压堂。

（5）上课要关心每位学生，要使绝大多数能真懂。在让学生思考、操作、讨论时，优秀生和后进生应有所区别，体现出因材施教，要使优秀生感到有一定困难，后进生感到在进步。

（6）要善于提出恰当的问题，要让学生有独立思考和独立操作的时间。一堂课要有动有静，有张有弛，有严肃有笑声。每一节课的最精华之处一定要放慢速度，让学生能铭刻在心。

（7）教学过程的关键是"交流—互动"。教师要依据教学内容和学生实际，尽可能让学生自己活动。学生的听、说、读、写、议、辩、练、评要交替进行。

（8）每次上课后，要及时记下自己的成功之处和不足的地方；要写教学日记，随时总结经验，自觉进行反思；要及时将教学经验上升到模式建构，从个别上升到一般。

3.4.3 考试的经验

（9）要千方百计让成绩差的同学考出好成绩，一定要增强每位学生的自信心，激发学生的学习兴趣，因材施教地改进学生的学习方法，让学生能建构地、主动地、体验地、合作地进行学习。

（10）要从逻辑、操作、艺术、交往这些不同的思维方式进行考试，让每一位学生在一学年中都曾有获得前三名的经历，对你的教学留下美好的回忆。

（11）对成绩优秀的学生，真正有效的促进方法是让他们深切地知道不进则退。考试要让他们感受到一定压力，保持必要的张力，避免他们盲目自满，但不能伤害他们的自信与自尊。

（12）每次考试后，应立刻将正确答案公布或发给每位学生，让学生趁热打铁，修正错误，巩固正确，打好基础。当天知道作业正确与否，对有效的学习是十分必要的。

3.4.4　提问的经验

（13）设计教案的核心是设计问题。问题要深浅适度，利于启发学生；问题要有生活背景，能激发兴趣；问题要有实际意义，为今后学习奠基；问题解答要即时反馈，真正巩固。

（14）提问与思维。选择思维的问题是："这是唯一的解决办法吗？还有其他解决办法吗？"要能拓宽思路。前瞻思维的问题是："如果那样做，会出现什么情况呢？"要有预见。

（15）情感思维的问题是："出现这样的结果满意吗？我的情感上能接受吗？"尝试体验。换位思维的问题是："别人怎样看这个问题？别人会有怎样的感受？"设身处地。

（16）要鼓励学生提问题。要将学生的问题集中起来进行系统研究，努力做到针对性强，切实帮助学生解决自己提出的问题。从问题到问题，学无止境。

3.4.5　综合的经验

（17）对学生好的言行要及时给予肯定的回应，对学生不好的言行要及时给予否定的回应。大多数应是肯定回应，否定回应只占少数。

（18）每一学年都要调查统计学生喜欢什么样的教师，力争在自己最弱的一项上有所改进，不断提高自身素质，重在提高教学的艺术性，体现出审

K4　全面调查统计分析：设计问卷，全面调查、统计分析、及时反馈、自我反思。

美和立美，艺无止境。

（19）每上一节课，要设想全人类都在倾听，要认真负责、实事求是、力戒偏见。要以自己的全部智慧来上好每一节课，让学生如坐春风。生命和使命，价值统一。

（20）要珍惜时间。力争以较少的时间，让学生掌握较多的知识，培养较强的能力，学会独特的审美，发展良好的人格。知识、能力、审美、人格是不可分割的整体。

3.5　给教师提供的问卷（K4）

在第 2 章里已介绍了 7 个问卷，下面再介绍其他 3 个问卷。

3.5.1　优秀家长的素质调查

在 20 世纪 80 年代末，我们就设计了"问卷 F"，并进行了广泛的调查、统计、分析。

问卷 F　优秀家长的素质调查	
什么样的家长是优秀家长？请在本表中选出 10 项您认为优秀家长应首先具备的重要素质。请把本表各项内容全部看完，然后在答卷纸上圈填。	
F01. 经常正面鼓励孩子	F11. 具体地帮助孩子倾诉
F02. 和孩子商量孩子的事	F12. 注意从小培养孩子的良好习惯
F03. 工作很忙，回家仍关照孩子	F13. 认真听取孩子的意见
F04. 不向他人抱怨孩子的缺点	F14. 孩子有错严加管教
F05. 关心孩子德智体美劳全面发展	F15. 了解孩子的长处，注意培养长处
F06. 吃饭时不唠唠叨叨	F16. 对培养孩子有长期打算
F07. 不训斥、不吓唬孩子	F17. 满足孩子的兴趣爱好
F08. 不把自己的意见强加给孩子	F18. 经常与学校老师保持联系
F09. 不贬低和嘲笑孩子	F19. 不让孩子乱花钱
F10. 不干涉孩子的正常娱乐	F20. 不娇惯孩子

问卷 F　优秀家长的素质调查	
F21. 带领孩子去接触社会	F31. 以身作则，身教重于言教
F22. 讲道理，不打骂孩子	F32. 帮助孩子物色好导师
F23. 不在孩子面前抱怨老师	F33. 要求严格，但不凶恶
F24. 父母不当着孩子面争吵	F34. 态度和蔼，但不放任
F25. 心情不好，不迁怒于孩子	F35. 要求孩子与同学团结友爱
F26. 注意精神鼓励	F36. 尊重孩子的好奇心
F27. 尽量回答孩子的问题	F37. 鼓励孩子的上进心
F28. 敢于当着孩子面承认错误	F38. 要求孩子尊重老师
F29. 培养孩子独立生活的能力	F39. 能随时代的发展更新教育思想
F30. 留心孩子看的书籍和交的朋友	F40. 不袒护孩子的缺点和错误

如果您有不同于上表中 40 项的其他看法，请将您的观点写在下面：

对问卷 F 的调查结果进行统计，一次曾有 50% 以上的学生选择过的项目列在左边，教师和家长选择过的项目列在右边。

①经常正面鼓励孩子	①经常正面鼓励孩子
②关心孩子德智体美劳全面发展	②注意从小培养良好习惯
③不干涉孩子的正常娱乐	③关心孩子德智体美劳全面发展
④讲道理，不打骂孩子	④培养孩子独立生活的能力
⑤和孩子商量孩子的事	⑤不把自己的意见强加给孩子
⑥具体地帮助孩子倾诉	⑥能随时代的发展更新教育思想
⑦工作很忙，回家仍关照孩子	⑦经常与学校老师保持联系
⑧要求孩子与同学团结友爱	⑧不袒护孩子的缺点和错误
⑨能随时代的发展更新教育思想	⑨以身作则，身教重于言教

3.5.2　差生不良行为表现的调查

在 20 世纪 80 年代末，我们就设计了"问卷 M"，并进行了广泛的调查、统计、分析。

问卷 M　差生不良行为表现的调查

下面列出了 40 项差生不良行为表现，请你选出 10 项能反映差生行为主要特点的项目。请将全部项目仔细看一遍后，在答卷纸上圈填。

M01. 虚伪，不诚实　　　　　　　M21. 焦虑过度，烦躁不安

M02. 破坏公物　　　　　　　　　M22. 逃学

M03. 搬弄是非　　　　　　　　　M23. 寡言少语，离群索居

M04. 偷拿东西　　　　　　　　　M24. 性情粗暴，蛮横无理

M05. 自私自利　　　　　　　　　M25. 容易生气，心胸狭窄

M06. 不守纪律　　　　　　　　　M26. 容易失去信心

M07. 说话粗野　　　　　　　　　M27. 早恋

M08. 酗酒　　　　　　　　　　　M28. 不爱整齐清洁

M09. 学习不专心　　　　　　　　M29. 打扮过分，追求时髦

M10. 知识面窄　　　　　　　　　M30. 为人冷漠，不讲礼貌

M11. 对学习不感兴趣　　　　　　M31. 意志薄弱，自制力差

M12. 自学能力差　　　　　　　　M32. 情绪不稳定

M13. 不完成作业　　　　　　　　M33. 懒于动脑

M14. 不关心政治　　　　　　　　M34. 贪图享受

M15. 学习时不能集中注意力　　　M35. 厌恶劳动

M16. 虚荣心强　　　　　　　　　M36. 不接受批评帮助

M17. 体质不好　　　　　　　　　M37. 没有主见，不愿思考

M18. 对低级庸俗的事津津乐道　　M38. 学习成绩差

M19. 过于胆怯　　　　　　　　　M39. 考试作弊

M20. 好争吵　　　　　　　　　　M40. 不参加学校组织的活动

如果您有不同于上表中 40 项的其他看法，请将您的观点写在下面：

对问卷 M 的调查结果进行统计，一次曾有 50% 以上的师生选择过的项目有：

①意志薄弱，自制力差

②虚伪，不诚实

③对低级庸俗的事津津乐道

④对学习不感兴趣

⑤不守纪律

⑥学习不专心

⑦不接受批评帮助

⑧学习成绩差

3.5.3 差生不良行为的原因调查

在 20 世纪 80 年代末，我们就设计了"问卷 N"，并进行了广泛的调查、统计、分析。

问卷 N 差生不良行为的原因调查

影响学生全面发展的原因有很多，请在下列因素中选出差生不良行为形成的 10 项最主要的因素。请仔细看完各个项目后，再在答卷纸上圈填。

N01. 学生对学习感到厌倦	N16. 父母对子女粗暴
N02. 父母缺乏正确的教育方法	N17. 学生的学习方法和习惯不适当
N03. 教师的水平低	N18. 学校忽视学生的身心健康
N04. 学生学习负担重	N19. 教师上课照本宣科，枯燥无味
N05. 社会上坏人坏事的影响	N20. 父母文化水平低
N06. 学生缺乏上进心	N21. 很少受到教师的鼓励和表扬
N07. 教师不注意因材施教	N22. 按分数排名次，学生思想压力大
N08. 学生的基础知识差	N23. 父母对子女期望过高
N09. 学生受到挫折，感到心灰意冷	N24. 学生缺乏自信心
N10. 父母没有时间和精力管教孩子	N25. 教师缺乏教育学、心理学知识
N11. 学校经费短缺，条件太差	N26. 学校内外环境污染严重
N12. 当天学的功课不当天复习	N27. 家庭学习环境差
N13. 教师缺乏责任心	N28. 学生体质差
N14. 父母对子女放任	N29. 没有适当的娱乐时间
N15. 读非重点学校，学生情绪低落	N30. 考试太难，影响情绪

问卷 N　差生不良行为的原因调查	
N31. 学生的心理毛病未得到有效治疗	N36. 社会上非法出版物的侵蚀
N32. 学校未能及时发现学生的困难并给予及时帮助	N37. 学习动机不强，对学习不感兴趣
N33. 学生思想负担重，有自卑心理	N38. 家庭不和睦
N34. 教师不了解学生的心理特点	N39. 教师忽视对学生学习兴趣的培养
N35. 学生学习不努力	N40. 看电视的时间太多
如果您有不同于上表中 40 项的其他看法，请将您的观点写在下面：	

对问卷 N 的调查结果进行统计，一次曾有 50％以上的师生选择过的项目有：

①父母缺乏正确的教育方法

②社会上坏人坏事的影响

③教师缺乏责任心

④学生对学习感到厌倦

⑤学生的学习方法和习惯不适当

⑥学生的基础知识差

⑦学生缺乏上进心

⑧学生受到挫折，感到心灰意冷

●增强研究能力的钥匙

K1　"四象限"思维模式：从逻辑、操作、艺术、交往四个方面进行系统思维。

K2　关爱生命，重视使命：继承优秀传统，面向现实世界，热爱教育事业。

K3　及时总结经验教训：写教育自我小结，吸取他人经验，应用哲学总结经验。

K4　全面调查统计分析：设计问卷，全面调查，统计分析，及时反馈，自我反思。

第4章 教师要重视交流 "相互学习"

4.1 教师回答的20个问题

每一学年，一所学校的所有教师集中1～2小时，回答下列20个问题；然后将大家的回答印出来，相互交流，相互学习。这是一个相互促进的好办法。对这20个问题的回答，能够很好地反映出一位教师正在使用的教育学——实用教育学的情况。

4.1.1 "实用教育学"的20个问题

（1）对您影响很大的教育论著是哪三本？（教材除外，写出作者、书名。）

（2）在您所教学科中，对您影响很大的专业论著是哪三本？（教材除外，写出作者、书名。）

（3）您最满意的论文或论著是哪三篇（本）？

（4）您认为教师最重要的师德是哪三点？

（5）您喜欢的教育名言是哪三句？

（6）您认为学生最不喜欢的教师有哪三项缺点？

（7）您最喜欢的老师对您影响很深的有哪三条？

（8）您给学生的鼓励性的赠言是哪三句？

（9）您认为优秀教师最重要的素质有哪三条？

（10）您认为优秀校长最重要的素质有哪三条？

（11）您认为优秀家长最重要的素质有哪三条？

（12）您认为优秀学生最重要的素质有哪三条？

（13）您在教学中好的经验有哪三点？

（14）您经常采用的教学艺术有哪三项？

（15）您经常采用的教学技术有哪三项？

（16）您对品德不良的学生常采用的教育策略有哪三点？

（17）您对成绩很差的学生常采用的教学策略有哪三点？

（18）您对心理素质差的学生常采用的教育策略有哪三点？

（19）您经常选择的教学原则有哪三条？

（20）您经常采用的教学模式有哪三种？

4.1.2 答卷之一

1998年3月，我设计了上述20个问题，让接受培训的教师回答，然后对答卷作评论。我当时对这20个问题的回答如下：

（1）问：对您影响很大的教育论著是哪三本？（教材除外，写出作者、书名。）答：①《论语》；②《礼记·学记》；③夸美纽斯：《大教学论》。

（2）问：在您所教学科中，对您影响很大的专业论著是哪三本？（教材除外，写出作者、书名。）答：①牛顿：《自然哲学之数学原理》；②麦克斯韦：《电磁通论》；③《爱因斯坦文集》（科学出版社，三卷本）。

（3）问：您最满意的论文或论著是哪三篇（本）？答：①《系统科学与教育》（人民教育出版社）；②《大教育论》（四川教育出版社）；③《教育模式》（教育科学出版社）。

（4）问：您认为教师最重要的师德是哪三点？答：①学而不厌，诲人不倦；②言行一致，以身作则；③热爱学生，一视同仁。

（5）问：您喜欢的教育名言是哪三句？答：①"知之者不如好之者，好之者不如乐之者。"（孔子）②"博学之，审问之，慎思之，明辨之，笃行

之。"(《中庸》) ③ "对真理的追求比对真理的占有更为可贵。"(莱辛)

(6) 问：您认为学生最不喜欢的教师有哪三项缺点？答：①无责任心，无进取心；②照本宣科，不学无术；③乱发脾气，辱骂学生。

(7) 问：您最喜欢的老师对您影响很深的有哪三条？答：①循序渐进，引人入胜；②敢于创新，引人入深；③尊重学生，热情待人。

(8) 问：您给学生的鼓励性的赠言是哪三句？答：①只有恒心可以使你达到目的，只有健康可以使你获得胜利，只有虚心可以使你不断进步，只有博学可以使你明辨真理。②如果一个人能战胜自己，就会更加自由。③要有伟大的目标，才有伟大的动力。

(9) 问：您认为优秀教师最重要的素质有哪三条？答：①善于从学生中来，到学生中去；②保持童心，保持好奇心；③珍惜时光，努力创新。

(10) 问：您认为优秀校长最重要的素质有哪三条？答：①尊重人才，用人所长；②了解当代教师、学生的思想状况；③有眼光、有预见、有规划、有魄力。

(11) 问：您认为优秀家长最重要的素质有哪三条？答：①正面鼓励孩子；②身教重于言教；③引导孩子发展个性。

(12) 问：您认为优秀学生最重要的素质有哪三条？答：①尊敬师长；②团结同学；③志向远大。

(13) 问：您在教学中好的经验有哪三点？①整体备课，纵横联系，贯穿历史，逻辑简明；②即时反馈，有针对性；③认识学生，教学研并进。

(14) 问：您经常采用的教学艺术有哪三项？答：①从整体到部分，再从部分回到整体；②既形象又抽象，既和谐又奇异，既多样又统一；③幽默自己，让大家轻松愉快；幽默别人，把自己放入其中；共同幽默，以幽默调节气氛。

(15) 问：您经常采用的教学技术有哪三项？答：①边讲边写；②用投影仪等电教设备；③实物演示。

(16) 问：您对品德不良的学生常采用的教育策略有哪三点？答：①发现"闪光点"，及时鼓励；②用文学艺术去启发良知；③巧妙地让他看到品

K5 不断提高专业水平：精读教育和学科的经典，提高文学艺术素养和社会交往能力。

德不良的严重后果。

（17）问：您对成绩很差的学生常采用的教学策略有哪三点？答：①想方设法让他取得成功；②发现困难所在，及时弥补；③帮助他不断改进学习方法。

（18）问：您对心理素质差的学生常采用的教育策略有哪三点？答：①找出问题所在，有针对性地进行"不言之教"；②让他看到自己的长处，增强自信心；③促进他在参与活动中改善心理素质。

（19）问：您经常选择的教学原则有哪三条？答：①明确意义，增强兴趣；②逐步深化，周期跃迁；③掌握结构，发展能力。

（20）问：您经常采用的教学模式有哪三种？答：①讲授模式：教师中心，从课中学；②自学模式：学生中心，从做中学；③案例模式：问题中心，从例中学。

4.2 不断提高专业水平（K5）

教师的专业结构，从思维模式分类进行分析可以概括为：A. 系统的专业知识，强调逻辑性、系统性；B. 讲授演示的能力，强调操作性、实用性；C. 人文艺术的修养，强调艺术性、情感性；D. 社会交往的能力，强调交往性、群体性。A 和 B 是教师专业结构的知识基础；C 和 D 是教师专业结构所不可缺少的上层建筑。一位优秀的教师往往是 A，B，C，D 四者较和谐地发展。

在师范院校里，教师专业必修课是教育学、心理学，更为具体的还有教学论、课程论等。不同学科还有不同的专业必修课。例如文学、政治、历史、地理、数学、物理、化学、生物等，不同学科的专业必修课是不尽相同的。这些都构成教师专业所必不可少的系统专业知识。

问题（1）"对您影响很大的教育论著是哪三本"和问题（2）"在您所教学科中，对您影响很大的专业论著是哪三本"主要是针对教师的系统的专业知识提出的问题。之所以要写明"教材除外，写出作者、书名"，是强调教师应该主动地精读几本经典著作。这对于不断提高教师的专业水平非常重要。

作者曾认真反复地精读过《论语》和《礼记·学记》。《论语》中生动地记载了孔子怎样教育他的学生以及孔子的教育思想和教育方法。《论语》持续两千多年而不衰，对世界各国都产生了巨大影响，早已成为全人类的精神财富。每一个教师都应当认真研读，用其精华，发扬光大。

孔子在《论语》中明确提出以下 10 条重要的教育原则和方法：

（1）有教无类原则（即"教育平等"、"一视同仁"原则。）

（2）启发教学原则（"不愤不启，不悱不发。"）

（3）学思结合原则（"学而不思则罔，思而不学则殆。"）

（4）由博反约原则（"博学于文，约之以礼。""一以贯之。"）

（5）由己推人原则（"己欲立而立人，己欲达而达人。"）

（6）时习温故原则（"学而时习之"，"温故而知新"。）

（7）乐学乐教原则（"知之者不如好之者，好之者不如乐之者。""学而不厌，诲人不倦。"）

（8）虚心求实原则（"知之为知之，不知为不知，是知也。"）

（9）诗歌育人原则（"诗，可以兴，可以观，可以群，可以怨。"）

（10）乐山乐水原则（"智者乐水，仁者乐山。"）

《礼记·学记》是中国第一部完整的教育理论著作，其中也明确提出了 10 条教学原则和方法：

（1）教学相长原则（即"反思自强"原则）

（2）"禁于未发"原则（即"预"的原则）

（3）及时施教原则（即"时"的原则）

（4）循序渐进原则（即"孙"的原则）

（5）"相观而善"原则（即"摩"的原则）

（6）学习与练习结合原则（即"藏"、"修"原则）

（7）休息与娱乐结合原则（即"息"、"游"原则）

（8）引导激励启发原则（即"道"、"强"、"开"原则）

（9）"长善救失"原则（包含"因材施教"原则）

（10）"善教继志"原则（包含"主体引导"原则）

上述教学原则和教学方法，直到今天仍然有重要意义。难道一位教师不应该精读《论语》和《礼记·学记》吗？

我在西南师范大学学习期间（1959～1963）曾反复精读夸美纽斯的《大教学论》（1632 年写成），并且将书中提出的各条教学原则抄写了几遍，边读边做笔记，印象深刻，收获很大。夸美纽斯的《大教学论》以"适应自然"（或译为遵循自然、借鉴自然、模仿自然）为教学理论的基本原理，由此推演出一系列教与学的一般原理，以及大的教学原则和小的教学原则，应用了"原理→大原则→小原则"的顺序，建立了《大教学论》的理论结构，基本上属于"原理性理论"，其优点是逻辑完整、简明，基础巩固，能推演生成相应的教学模式和教学策略。夸美纽斯在《大教学论》中提出了以下原则：

（1）适应自然原则（引出教与学的 9 条一般原则）

（2）教与学的便利性原则（引出 10 条小原则）

（3）教与学的彻底性原则（引出 10 条小原则）

（4）教学的简明性与迅捷性原则

在"适应自然"这一基本原理的基础上，引申和演绎出大大小小的 40 条教学原则。《大教学论》有一个一以贯之的统一模式：根据"适应自然"的原理，首先阐述自然对我们的启示，然后模仿自然，实施教学，进而找出与自然比较后发现的偏差，提出反馈纠正的办法，再进一步改进教学，从而达到较好的教学目的。这与当代系统科学中应用反馈方法很相似。

以上实例说明，教师独立地、自觉地研读教育史上的经典名著非常重要。这是任何教育学、心理学的教科书所不能代替的。

对于不同学科的教师，当然还要钻研本学科的经典名著。这也是该学科的教科书所不能代替的。作者从西南师范大学物理系毕业后，在成都七中教物理学，以后又为几所师范大学物理学专业的研究生开设专业课。其间，我十分认真地研读了牛顿的《自然哲学之数学原理》，在此基础上撰写了一本有所创新的专著：《牛顿力学的横向研究》（1987 年出版），并为物理学专业研究生开设这门课程；同时，还十分认真地研读了《爱因斯坦文集》（共三卷），在此基础上撰写了一本有所创新的专著：《爱因斯坦相对论纵横》；还阅读过麦克斯韦的《电磁通论》等经典名著。作者的体会是：熟读经典，受益无穷。对一位教师而言，不仅要研读教育学、心理学的经典，这会让自己终身受益；而且要研读所教学科的经典，这不仅能让教师大受其益，而且会让学生们受益匪浅。

教育学、心理学和不同专业的经典著作，既有古的，也有今的；既有中的，也有外的。教师要不断提高专业水平，精读古今中外有关教育学、心理学和本专业的经典著作是非常必要的。

以上论述的仅仅是教师专业结构中的系统的专业知识，属于编码化知识，能用语言表述出来，重在逻辑性和系统性。此外，教师讲授演示的能力、人文艺术的修养、社会交往的能力，是成为一位合格教师所不可缺少的能力和修养。这些方面水平的提高，主要通过从教学实践中学，从生活实践中学，从社会实践中学，从自我反思中学，从审美立美中学，从交流合作中学来实现。这些知识较多只能意会，难以言传，属于经验类知识。

对于职业教育的知识分类，一些文献上仅仅将知识分类为陈述性知识和程序性知识。从思维模式分类进行分析，这是不够的，还应当增加审美性知识和交往性知识。根据回答的不同问题，可将知识分为以下四大类：

A. 回答："它是什么？为什么？"这是陈述性知识，重在逻辑性；

B. 回答："怎么操作？怎么做好？"这是程序性知识，重在操作性；

C. 回答："怎样感悟？怎样鉴赏？"这是审美性知识，重在艺术性；

D. 回答："怎么交流？怎么传播？"这是交际性知识，重在交往性。

对于提高教师的专业水平，从职业教育的视角看，上述四大类知识都是需要的。作为一位从事自然科学教学的教师，应多在审美性知识和交往性知识方面下工夫；作为一位从事人文科学教学的教师，应多在陈述性知识和程序性知识方面下工夫。不同的教师有不同的相对强项和相对弱项。扬强补弱，终身学习，这是提高教师专业水平的必由之路。从对问题（3）"您最满意的论文或论著是哪三篇（本）"这一问题的回答，可直接看到一位教师专

K6 不断提高师德水平：理解和实践最主要的师德，以优秀教师为榜样。

业水平的现状。

表 4-1　教师的专业结构

●系统的专业知识（A. 逻辑性）
●讲授演示的能力（B. 操作性）
●人文艺术的修养（C. 艺术性）
●社会交往的能力（D. 交往性）

4.3　不断提高师德水平（K6）

提高师德水平是提高道德教育水平的极为重要的部分，因为教师是学生的榜样。有效的道德教育总是有针对性、有主题的，其形成的过程是综合的：逻辑、行为、情感、交往都需要深入其中，而不是单一的。个体道德形成的公式是：

个体道德形成＝理性认识（即道德认识 A）×身体力行（即道德行为 B）×情感体验（即道德审美 C）×交流传播（即道德交往 D）

上述公式中的四项是"相乘"的关系，表明任何一项的值太小，总效果都会大受影响。

个体道德形成不是孤立的，而是在群体背景下形成的。个体道德形成不可能离开群体道德形成。群体道德形成的公式是：

群体道德形成＝思想教育，提高认识（A）×规律制度，规范行为（B）×情感体验，直观感受（C）×优化环境，潜移默化（D）

上述公式中的四项也是"相乘"的关系，表明任何一项的值太小，总效果都会大受影响。

个体道德形成与群体道德形成是互为因果、相互联系、相互影响的。不断提高教师个体的师德与不断提高教师群体的师德是不可分割的。

问题（4）"您认为教师最重要的师德是哪三点"重在理性认识。我的看法是：①学而不厌，诲人不倦；②言行一致，以身作则；③热爱学生，一视同仁。实际上，不同学校、不同年级、不同时间、不同地点，最重要的师德有哪三点，不同的教师回答是不完全相同的。相互交流各自的看法，肯定可以相互启发，促进大家不断提高师德水平。

问题（5）"您喜欢的教育名言是哪三句"，对这一问题的回答，既能看出教师的道德认识，也可以看出教师的道德行为。一位教师喜欢的教育名言常常要影响自己的行为。例如我喜欢"知之者不如好之者，好之者不如乐之者"这句教育名言，就在行为上倾向于"乐学"，倾向于"学而不厌，诲人不倦"——这也是我认为最重要的师德之一。又如我喜欢"博学之，审问之，慎思之，明辨之，笃行之"这句名言，在行为上就会倾向于在学习中对"学、问、思、辨、行"都较为重视。再如我喜欢"对真理的追求比对真理的占有更为可贵"这句名言，在行为上就会乐于去创新，勇于去创新等等。

问题（6）"您认为学生最不喜欢的教师有哪三项缺点"以及问题（7）"您最喜欢的老师对您影响很深的有哪三条"，每一位教师在回答这两个问题时，总是有具体的对象——以他过去的老师作为背景，总是有实在的情感体验。这是一种道德审美，判断教师的言行，什么是美的，什么是丑的。例如我回答学生最不喜欢的教师是：无责任心，无进取心；照本宣科，不学无术；乱发脾气，辱骂学生。这都有实在的故事作为支撑。从情感上认识到学生不喜欢教师的这些缺点，就要在言行上尽量不犯这些错误。负面的言行得到抑制，正面的言行就会得到提升。我回答最喜欢的教师是：循序渐进，引人入胜；敢于创新，引人入深；尊重学生，热情待人。这些也都有具体的榜样作为依据。从情感上认识到学生喜欢什么样的教师，就能努力朝着这方面前进，这对于提高师德水平起着重要的推动作用。情感上的道德审美，常常是直觉的、整体的、意会的，对于不断提高师德水平，这是不可缺少的。

K7 认识优秀教师素质：设计问卷请学生们回答，教师相互评议、共同提高。

个体道德形成，不仅需要有理性认识（即道德认识），有身体力行（即道德行为），有情感体验（即道德审美），而且还有一项不可或缺的是交流传播，即道德交往。交流传播、道德交往的方式多种多样。

问题（8）"您给学生的鼓励性的赠言是哪三句"，这是道德交往的方式之一。对于不同的学生，要因材施教，教师给学生的鼓励性的赠言肯定不一样，但性质都应该是鼓励性的，要肯定优点，指出努力方向。在恰当的时间和空间，一句鼓励性的赠言，有时常常可能产生极大的影响，甚至影响一位学生的终身。给学生的鼓励性的赠言要有针对性，亲切而实在，晓之以理，动之以情。同样的道理，学生给教师的评价，学生们相互间的赠言等等，这些通过交流传播方式进行的道德交往是提高师德水平的重要途径，也是提高道德教育质量的重要部分。特别是这些"赠言"、"评价"等能在书报、杂志、电视、网络等大众传播媒体上交流传播，就会起到更为巨大的作用，这就是在书写"道德的历史"，形成"道德的文化"。

从上述四方面的分析可知，不断提高师德水平应着力于多方面。不是单一的说教，不是单一的规定，而是逻辑、行为、情感、交往同时并进。

4.4 认识优秀教师素质（K7）

优秀教师应具备什么样的素质？可以通过问卷调查、开讨论会、撰写文章、举办演讲等多种方式，从学生、家长和教师们那里获得答案。有三点认识是十分重要的：其一，不同年级的学生，从幼儿园、小学、中学到大学，对教师应具备什么样的素质的看法是不尽相同的，或者说认识优秀教师最重要的素质，不同年级的学生会有不尽相同的看法。其二，同一年级的学生，随着时代的发展，学生们对优秀教师应具备的素质也会有所变化。上述两点告诉我们，应从学生那里通过多种方式，主要是问卷调查统计，了解学生对"优秀教师应具备什么样的素质"的倾向性的看法；其三，尽管不同年级的学生对优秀教师应具备的素质会有不尽相同的看法，尽管不同的时代学生对优秀教师应具备的素质的看法会有所变化，但是不同中又有相同，变化中又有不变，甚至古今中外对教师应具备什么样的素质仍然有其"共性"，请读者自己去找出这些"共性"。下面，我们将更多地论述一些"权重"较大的看法。

20世纪80年代，作者与其合作者应用本书第4章的"问卷A"对上万名学生进行问卷调查，统计出学生对优秀教师的素质的倾向性看法。这里所谓倾向性看法，即每一次调查中，曾有50％以上的学生认为这一项很重要。这些素质如表4-2所示。

表4-2　中国学生对优秀教师素质的看法

（1）有责任感	（7）知识面广
（2）重视品德教育	（8）敢于承认自己的失误
（3）有幽默感	（9）有组织能力
（4）不刺伤学生的自尊心	（10）理解当代学生的思想
（5）对学生一视同仁	（11）尊重学生，对学生关心爱护
（6）教学生动有趣，容易领悟	（12）重视学生能力的培养

同样是20世纪80年代，一位美国教育家对9万多名学生进行调查，归纳出优秀教师的12种素质，如表4-3所示。

表4-3　美国学生对优秀教师素质的看法

（1）友善的态度	（7）有幽默感
（2）尊重课堂上的每一个人	（8）良好的品德
（3）有耐心	（9）对个人的关注
（4）兴趣广泛	（10）有伸缩性
（5）良好的仪表	（11）宽容
（6）公正	（12）颇有方法

中美两国相隔万里，但两国学生对优秀教师的素质的倾向性看法却很相似，大部分看法是一致的。两国学生的看法对应如表4-4所示。

表 4-4　中美两国学生对优秀教师素质的看法的比较

中　国	美　国
有责任感	有耐心
重视品德教育	良好的品德
不刺伤学生的自尊心	友善的态度
对学生一视同仁	公正，对个人的关注
有幽默感	有幽默感
知识面广	兴趣广泛
敢于承认自己的失误	有伸缩性
理解当代学生的思想	宽容
尊重学生，对学生关心爱护	尊重课堂上的每一个人
教学生动有趣，容易领悟	颇有方法

　　在上述调查统计中，中国学生的另外两条看法："重视学生能力的培养"、"有组织能力"，都可以包含在美国学生的一条看法之中，即"颇有方法"。除此之外，仅有一条"良好的仪表"，美国学生明确提了出来，而中国学生未能明确提出来——这是因为我的问卷设计中没有写上类似的素质。这一条中国学生一定是赞同的。由此可见，中美两国学生对优秀教师的素质从总体上看是相当一致的。每一位教师如果能努力做到上述 12 条，定能成为一位受学生喜爱的优秀教师。

　　对于问题（9）"您认为优秀教师最重要的素质有哪三条"，每一位教师的看法不尽相同。上述统计是学生们对优秀教师应具有的素质的看法，是从学生这样的"社会角色"出发提出的看法，这对教师而言很重要。这里要提醒两点：一是不同年级的学生，倾向性的看法的"权重"是不相同的；二是随着时代的发展，学生们的看法会有所变化。上述统计是 20 世纪 80 年代的结论，21 世纪肯定会略有变化。因此，最好每一年对不同年级的学生分别进行问卷调查，统计出结果，进行纵向和横向的比较，这会给我们带来许多有用的信息。至于每位教师对优秀教师素质的看法，肯定地说会有共性，也有个性。作者对优秀教师素质问题的回答是：①善于从学生中来，到学生中去；②保持童心，保持好奇心；③珍惜时光，努力去创新。这些看法有鲜明

K8　认真改进教育策略：提高教学艺术和技术水平，应用心理学成果提高教育实效。

的个性。问题（9）、问题（10）、问题（11）、问题（12）分别是关于优秀教师、优秀校长、优秀家长、优秀学生的素质，认识这些素质，对做好教育工作十分重要。

4.5　认真改进教育策略（K8）

教育是培养人的社会活动，简要说是"教学育人"。它既包含教会学生学习，又包含培养学生品德。通常说"教书育人"，"教学"包含"教书"，同时又不仅仅是"教书"，所以改为"教学育人"更恰当。从时间分配看，教学时间占去了大部分。任何教学都具有"教育性"；同理，任何教育都有"教学性"。因为"教学"是广义的，包括教会学生"学会学习，学会做事，学会共同生活，学会生存"。"教学"与"育人"两者是紧密结合在一起的，"教学"中"育人"，"育人"中"教学"，相互促进，不可分割。认真改进教育策略，既包含通常意义的认真改进教学策略，又包含通常意义的认真改进育人策略。

对于问题（13）"您在教学中好的经验有哪三点"，作者的回答是：①整体备课，纵横联系，贯穿历史，逻辑简明；②即时反馈，有针对性；③认识学生，教学研并进。教学的过程主要有三个节目：备课、上课、评课。作者的经验是：将全学年的课整体地备好，包括讲授重点、演示内容、习题布置、考试题目，要有一个整体的框架，然后才去上课。不能"零散备课"例如备一节课上一节课，或备一章上一章。这种"零散备课"总的效率低，总的质量差，因此要做到"整体备课"。在备课中，既要充分注意前后联系，即纵向联系；也要充分注意学科交叉，即横向联系；同时还要贯穿历史，即重视知识形成的过程；做到逻辑简明，即重视知识结构的生成。"即时反馈，有针对性"既指教师要及时得知学生学习的效果，自我反思，改进教学，又指对学生的问题回答，及时加以肯定或纠正。针对性强，教学质量才高。"认识学生，教学研并进"也是一条重要经验。要知彼知己，方能成功。对教学而言，即要知学知教，首先要深入认识学生，才可能深入认识教师自己；首先要深入认识学生如何学，才可能深入认识教师如何教。教学、学习、研究三者必须同时并进。每一位教师都应将自己的教学经验明确简要地表述出来，相互交流。这是极为有效的互动、互促。

对于问题（14）"您经常采用的教学艺术有哪三项"，"艺术"是具有突出的个性，"教学艺术"是形成教学风格的主要标志。教学艺术总是与情感、个性、审美、立美、风格、魅力等相关联。中国和美国的学生认为优秀教师应具备的素质中，总有属于教学艺术的素质。例如"有幽默感"、"教学生动有趣，容易领悟"、"有伸缩性"、"兴趣广泛"等等。关于"有幽默感"，作者总结出："幽默自己，让大家轻松愉快；幽默别人，把自己放入其中；共同幽默，以幽默调节气氛。"关于"教学生动有趣，容易领悟"，作者总结出："从整体到部分，再从部分回到整体"；"既形象又抽象，既和谐又奇异，既多样又统一。"这主要是在教学中要充分应用美学的一般原理。教学艺术性的标志，在于激发学生学习的兴趣，循序渐进，引人入深；周期跃迁，引人入胜。

对于问题（15）"您经常采用的教学技术有哪三项"，如果说艺术突出的是个性，那么技术则主要具有共性。应用技术时，程序是基本一致的。在教学中通常都是艺术和技术融合在一起，显示出将个性和共性协调起来的多样性。教学中要根据教学的对象和教学的内容，采用适宜的教学技术。应用黑板、粉笔，就要边讲边写；应用投影仪呈现，就要先制作好文字与图片；应用实物演示，就要让大家都能看清楚。在应用教学技术时，还要注意是否需要与可行，是否经济与有效，是否简单与可靠。提高教学的艺术和技术的首要一条，是要将教学艺术和教学技术有机融合起来，艺术与技术要相互匹配，教学效果才会更好。

问题（16）"您对品德不良的学生常采用的教育策略有哪三点"，问题（17）"您对成绩很差的学生常采用的教学策略有哪三点"和问题（18）"您对心理素质差的学生常采用的教育策略有哪三点"，这三个问题都要求教师很好地应用心理学成果，提高教育实效。这三个问题的对象都是学生群体中

K9 灵活选择教学原则：全面理解教学原则，因材施教灵活选择。

相对来说处于"弱势"的群体，教师应多加关照，要有耐心，要有爱心，更要有信心。作者的经验是：①要发现"闪光点"，及时给予鼓励；②不空洞说教，最好用文学艺术去启发良知；③巧妙地让他看到品德不良的严重后果；④想方设法让他在学业上取得成功；⑤发现他学习困难之所在，及时加以弥补；⑥帮助他不断改进学习方法；⑦找出心理问题之所在，有针对性地进行"不言之教"，不要增加学生的心理负担；⑧让他看到自己的长处，增强自信心；⑨促进他在参加活动中改善心理素质。品德不良、成绩很差、心理问题严重，三者常常是连在一起的。上述三个问题的回答是相通的，精神实质是一样的，要充分体现出"关心每一个学生的成长，促进每一个学生的发展"这样一种理念。

每一位教师在教育实践中都有不少新鲜的体会，都有不少好的经验和教训。教师之间经常交流对问题（13）、问题（14）、问题（15）以及问题（16）、问题（17）、问题（18）的回答，特别是一所学校内定期正式举行研讨会，一定会大大提高教学质量，大大改进教师们的教育策略。

4.6 灵活选择教学原则（K9）

我们从孔子的《论语》中抽出了10条教学原则，从《礼记·学记》中又引出了10条教学原则，夸美纽斯的《大教学论》一书中列举了大大小小的教学原则40条。我在《大教育论》一书中，将古今中外的教学原则一一罗列出来，共104条，显然有许多是重复或类同的，可以合拼在一起；另一方面，随着时代发展，一些教师又提出了新的教学原则。作者在《新教学模式之建构》一书中，设计了一个选择教学原则的问卷。

问卷 J 教师选择教学原则的调查

本表列出了 40 条教学原则。教学原则是教师教学经验的概括，是指导教学的基本准则。不同的教师，选择使用的教学原则常有差异。请您在本表中先选出 10 条您认为较为重要的教学原则；然后再从选出的 10 条中，选出 3 条您认为最重要的教学原则。请把本表各条内容全部看完后，再进行两次选择。

J01. 教学相长原则
J02. 学思结合原则
J03. 博约并重原则
J04. 循序渐进原则
J05. 学练结合原则
J06. 便利性原则
J07. 彻底性原则
J08. 简明性与迅捷性原则
J09. 明确意义，增强兴趣原则
J10. 逐步深化，周期跃迁原则
J11. 掌握结构，发展能力原则
J12. 自觉性和积极性原则
J13. 直观性原则
J14. 量力性原则
J15. 巩固性原则
J16. 系统性原则
J17. 理论联系实际原则
J18. 以高难度进行教学原则
J19. 以高速度学习教材原则
J20. 使学生理解学习过程原则

J21. 教学与生活相联系原则
J22. 优选教学方法和手段原则
J23. 科学性与思想性统一原则
J24. 传授知识与发展智力统一原则
J25. 因材施教原则
J26. 引起动机原则
J27. 启发诱导原则
J28. 自我活动原则
J29. 及时反馈原则
J30. 爱心原则
J31. 少而精原则
J32. 主体性原则
J33. 创新原则
J34. 教学做合一原则
J35. 真善美统一原则
J36. 德才识统一原则
J37. 知情意行统一原则
J38. 智力与非智力相结合原则
J39. 适应社会原则
J40. 适应个性原则

如果您有不同于上表中 40 条的其他看法，请将您的观点写在下面：

2000 年 8 月 21 日，我为成都师范附属小学的教师讲课时，再次应用"交流—互动"教学模式讲授教学原则。我让每位教师首先听写出问卷 J 的

K10 建构模式，超越模式：学会自己建构教学模式，认识模式的条件和局限。

40 条教学原则，然后让教师作回答。统计结果如表 4-5。

表 4-5 教师选择教学原则的调查之一

（2000 年 8 月 21 日，成都师范附小，48 位教师）

顺序	编号	项　　目	百分比	顺序	编号	项　　目	百分比
1	J33	创新原则	83%	6	J39	适应社会原则	50%
2	J25	因材施教原则	71%	7	J01	教学相长原则	48%
3	J32	主体性原则	69%	8	J02	学思结合原则	42%
4	J30	爱心原则	54%	9	J17	理论联系实际原则	40%
5	J04	循序渐进原则	52%	10	J21	教学与生活相联系原则	38%

成都师范附小教师认为最重要的 3 条教学原则是：① （J32）主体性原则，占 42%；② （J33）创新原则，占 40%；③ （J30）爱心原则，占 33%。

教师们在各自选出较为重要的 10 条教学原则后，又在各自选择出的 10 条中选出自己认为最重要的 3 条教学原则，上述两项的结果不可能完全一样。假如我将表 4-5 的结果再告诉成都师范附小的教师，限定他们从大家共同选出的 10 条之中，重新选出各自认为最重要的 3 条教学原则，很明显其结果会与上述不同。通过这种"交流—互动"式的教学过程，不仅学员加深了理解，而且促进了教师反思。对于小学教师、中学教师、大学教师，对问卷 J 的选择结果肯定是不尽一致的。上述选出的 3 条教学原则，在过去的《教育学》、《教学论》书中均没有论述。由此可见，教学原则的选择具有时代性。故我们不应该死板地讲授教学原则，教师应全面理解教学原则，为了因材施教而灵活选择教学原则，动态地去把握教学原则，所以我们专门提出问题（19）："您经常选择的教学原则有哪三条？"

4.7 建构模式，超越模式（K10）

对于问题（20）"您经常采用的教学模式有哪三种"，我在 1998 年的回答是：①讲授模式；②自学模式；③案例模式。现在，我的回答是：①"启发—创新"模式；②"交流—互动"模式；③"审美—立美"模式。随着对教学模式的深入研究，作者也在与时俱进。

"模式"是一种重要的科学操作和科学思维的方法。它是为解决特定问题，在一定抽象、简化、假设的条件下，再现原型客体的某种本质特性；它是作为中介，从而帮助你更好地认识和改造原型客体、构建新的客体的一种科学方法。从实践出发，经概括、归纳、综合，可以提出各种模式，模式一经被证实，即有可能形成理论；也可以从理论出发，经类比、演绎、分析，提出各种模式，从而促进实践发展。

"教学模式"是在教学理论的指导下，抓住教学的特点，对教学过程的组织方式作简要概括，以提供给教师在教学实践中选择、组合、变换、重构的一种范式。在《教育模式》一书中，作者极力主张：每位教师必须根据所教学科，所选教材，所教学生的实际，自己构建教学模式。

怎样构建教学模式？对于定性建模而言，其基本过程如下：

①建模目的。明确建立教学模式所要达到的目的。

②典型实例。通过调查研究，找出一个较好的、较典型的教学案例。

③抓住特征，认识过程。从理论上分析教学案例，概括出基本特征和基本过程。

④确定关键词。在抓住特征、认识过程的基础上，进行"语义比较"，确定表述这一模式的"关键词"。

⑤简要表述。通过讨论、征求意见，对该教学模式给出简要的定性表述。

⑥具体实施。在教学中具体实施这一教学模式，要充分体现出模式的特征和过程。

⑦形成子模式群。通过教学实践的检验，往往针对不同情况有所"变换"，从而形成一系列更为具体的子模式群。

⑧建模结果。将设计与实践进行归纳总结，从而获得建模成功与否的结论，以便改进。

教学建模，既有定性建模，也有定量建模。教学建模的要点是：抓住主要特征，认识教学过程，确定关键词语，给出简要表述，形成子模式群。

根据认识论（发生认识论和发展认识论），作者研究出 8 种教学模式：感知模式、游戏模式、具体模式、形式模式、直觉模式、结构模式、综合模式、体系模式。

根据课程论（学科课程、活动课程、隐性课程），作者研究出 3 组 15 种教学模式。学科课程的教学模式：认知模式、行为模式、情感模式、群体模式、交叉模式；活动课程的教学模式：探究模式、变革模式、审美模式、交流模式、评论模式；隐性课程的教学模式：暗示模式、感召模式、移情模式、认同模式、熏陶模式。

根据教学论，由低到高，有 5 种教学模式：问答模式、授课模式、自学模式、合作模式、研究模式。

根据学习论，由浅入深，有 5 种教学模式：兴趣模式、背诵模式、跃迁模式、探索模式、传授模式。

根据艺术论，作者概括出 5 种教学模式：趣味模式、形象模式、和谐模式、奇异模式、幽默模式。

根据技术论，作者认为有 5 种教学模式：游牧模式、农业模式、工业模式、信息模式、智能模式。

上述这些教学模式可提供给教师选择、组合、变换、重构。作者认为：每个教师必须自己构建教学模式；同时，更为重要的是，每个教师都要了解单一教学模式的局限性，必须"超越模式"。

中国古代学者就强调教学有法，但无定法，贵在得法；无法之法，乃为至法，法无定法。教学建模是一种方法，我们同样可以说教学有模，但无定模，贵在得模；无模之模，乃为至模，模无定模。没有一种固定不变的模式，这就是最好的模式。一种模式不能取代其他模式。正因为如此，作者提出"系统中心，模式综合"的"系统教学模式"。

建立教学模式，掌握教学模式，最终是为了超越教学模式。教学要追求达到艺术境界，要出神入化、应用自如、不拘一模。要从"有模之术"，达到"无模之境"。正如"此时无声胜有声"，教师要努力达到"此时无模胜有模"。

——"构建模式，超越模式"这一建议的要求较高，但同样可以操作。

●发展教师专业的钥匙

K5　不断提高专业水平：精读教育和学科的经典，提高文学艺术素养和社会交往能力。

K6　不断提高师德水平：理解和实践最主要的师德，以优秀教师为榜样。

K7　认识优秀教师素质：设计问卷请学生们回答，教师相互评议、共同提高。

K8　认真改进教育策略：提高教学艺术和技术水平，应用心理学成果提高教育实效。

K9　灵活选择教学原则：全面理解教学原则，因材施教灵活选择。

K10　建构模式，超越模式：学会自己建构教学模式，认识模式的条件和局限。

第 5 章 教师要改进教学"系统学习"

本章将更为具体地提出系统教学法的要点或建议。这些要点或建议大多是可以操作的，有的操作起来较容易，有的操作起来较困难。根据系统科学的原理及作者本人的教学实践，可以相信这些要点或建议是有效的，能够在一定程度上提高教学效率和教学质量。教师需要改进教学"系统学习"，方能逐渐掌握系统教学法。

教学发展的方式应当有一个转变。就像经济增长的方式要从粗放型转变为集约型一样，教学发展的方式也应当从粗放型转变为集约型。

在经济学上，所谓"粗放"，即主要靠资本和劳动的投入，而很少依靠技术进步去增长经济；反之，所谓"集约"，即主要依靠提高劳动者素质，以及主要依靠技术进步去增长经济。

这启发我们：粗放型的教学，即主要依靠师生拼体力、占时间的方式发展教学，投入大、效率低；转变为集约型教学的目的，就是要提高教学效率和质量，并希望引出更多、更好的提高教学效率和质量的方法。系统教学法既有系统科学方法作为理论支柱，又有作者自己的教学经验作为实际支撑，其要点或建议有六点。

K11 整体备课·纵横联系：集中备好全学期的课，重视前后联系和学科渗透。

5.1   整体备课，纵横联系（K11）

作者关于备课的经验有：

（1）备课时要对三套不同的教材进行反复比较，选择确定的教学内容和方法要适合于学生。教学内容70％左右要紧扣正在使用的教材，30％左右要纵横渗透，综合整合，作相关发挥。

（2）在假期中把新学期的课完全备好，包括各次考试的题目，要有一个整体的备课框架，然后才上课。最好的教学策略是按照"整体→部分→整体"进行教学。教师要尽量通读学生已经学过的教材。

（3）备课要掌握教材的整体结构，要深入了解学生的现状与需求，广泛搜集相关资料，合理取舍讲课的内容。只能讲授学生可能懂的内容，不能讲授学生无法理解的内容。

教师对所教学科要先进行整体备课，写出简要的全学年或全课程的"教案"；然后才制订较详细的单元备课计划。不要备一节课上一节课。没有整体设计的教学，其教学效率必然很低，一定要强调整体备课。每学期开学前一周，集中时间要求每位教师认真写出整体备课的教案，这个整体备课教案是初步的，但却是完整的。这种集中时间整体备课看来占用了一些时间，但实际效率是很高的。零散备课是粗放型的，整体备课才是集约型的。发给教师的教材不仅是一学期的教材，而应当尽可能是全部所教年级的教材。教师越是有整体的教学观，其教学质量就越高。

在整体备课中，教师不仅要注意所教学科历史的发展过程，注意所教学科逻辑的演变过程，历史与逻辑要很好地统一起来，同时还要注意与相关学科的相互联系——既有按照历史的纵向联系，也有按照逻辑的横向联系。

纵横联系不仅指在一门学科之内，而且指与相关学科之间的纵横联系。为此，中小学校图书馆应完整地收藏两三套全校学生正在用的全部教材，提供给教师纵横联系时参考。教师要随时浏览其他相关学科的教材，这才能有的放矢，从学生学习实际出发，形成知识网络，增强教学功能。教师在整体备课中重视纵横联系，在教学中便能体现出教学整体性和知识联系性——这样的教学不但生动，而且效率高。

整体备课才能确保整体教学，纵横联系才能发挥整体功能。整体教学就必须使教学内容有整体感，有整体才有力量，而不是将孤立零碎、毫无联系的知识硬灌给学生。教的最佳策略应遵循公式：整体→部分→整体；学的最佳策略也应遵循公式：整体→部分→整体。一节课（包括学科课、活动课、隐性课或环境课）是一个小整体，一个单元几节课是一个较大的整体，一本教材或一门课程是更大的整体。教师必须从更大的整体出发，来认识和理解较小的整体。教师不仅要教学生如何学习一节课的内容，而且要教学生如何学习一章的内容，进而要教学生如何学习一本书的内容，甚至整个学科或几本书的内容；在这个过程中，还必须纵横联系，了解该学科的历史发展及其与相关学科的关系。

从低年级到高年级，要逐步推进对学科整体的理解。开始是较小的整体，然后是较大的整体，目标是掌握较完备的整体。这正如建筑一座大厦，要从总体设计出发进行施工。这样效率高，不返工，事半功倍；反之，则会事倍功半。上述教学思想完全可以体现在教学中。它不是纯抽象的论述，而是可以具体操作的。虽然不同学科的教学在具体操作时有所差异，需要设计不同学科的整体教学法，但是共性是一致的，即都要重视有整体的教学、有联系的教学。

学生最不满意的是什么？最不满意教师"无责任心，无进取心；不学无术，照本宣科"。一些教师明明知道学生讨厌教师照本宣科、满堂灌，为什么在教学时仍然照本宣科、满堂灌呢？这是因为备课时既不注意前后联系、突出重点，又不注意左右联系、有所发展，而是书云亦云，毫无创见。中国古人就知道了"尽信书，不如无书"。从根本上讲，一位教师如果认真做到了整体备课，纵横联系，在教学过程中体现出整体、联系，学生就不会认为教师是无责任心，无进取心，不学无术，照本宣科了。这样，教学效率和教学质量就会得到提高。

K12 教学生动，如坐春风：从形象到抽象，既和谐又奇异，既多样又统一。

—— "整体备课，纵横联系"这一建议是可以操作的。

5.2 教学生动，如坐春风（K12）

作者关于上课的经验有：

（4）上课怎样开头，怎样结束，要反复推敲。开头要激发兴趣，结束要让人回味。开头和结束都力求短小精悍，切忌拖泥带水。板书、演示要清楚明了，重点和关键要突出鲜明。教师上课要坚决守时，决不压堂。

（5）上课要关心每一位学生，要使绝大多数学生都能真懂。在让学生思考、操作、讨论时，优秀生和后进生应有所区别，体现出因材施教，要使优秀生感到有一定困难，后进生感到在进步。

（6）要善于提出恰当的问题，要让学生有独立思考和独立操作的时间。一堂课要有动有静，有张有弛，有严肃有笑声。每一节课的最精华之处一定要放慢速度，让学生能铭刻在心。

（7）教学过程的关键是"交流—互动"。教师要依据教学内容和学生实际，尽可能让学生自己活动。学生的听、说、读、写、议、辩、练、评要交替进行。

（8）每次上课后，要及时记下自己的成功之处和不足的地方；要写教学日记，随时总结经验，自觉进行反思；要及时将教学经验上升到模式建构，从个别上升到一般。

要使教学生动，让学生听课如坐春风，应当在教学中充分应用"审美—立美"的教学模式。要在教学中根据具体内容，插入审美的教学模式，例如趣味模式、形象模式、圆融模式、奇异模式、幽默模式。

趣味模式的特点是：激发热情，愉快地学。学生认可的优秀教师，其中"教得很好，能引起学习的兴趣"是一个十分重要的原因。因此，教师一定要通过多种方法，引起学生兴趣，激发学生的热情，让学生感到听讲是一种享受，达到"如坐春风"的境地。

趣味模式的基本教育过程是：

引趣→激情→愉悦→如坐春风

形象模式的特点是：情境生动，形象地学。不仅学习语言需要进行情境教学，学习自然科学、人文科学、社会科学、综合科学也需要根据内容、对象，恰当地设置情境进行教学。

形象模式的基本教育过程是：

直观→配乐→诗歌→创设情境

圆融模式的特点是：诱导协作，圆融地学。在教学中很有逻辑，这是和谐；进而又富于直觉，这是奇异。从教学过程看，需要在培养逻辑思维的基础上，才能较好地培养直觉思维。因此，圆融模式是教育艺术中一种重要的模式。

圆融模式的基本教育过程是：

诱导→共鸣→圆融→指点迷津

奇异模式的特点是：富于魅力，奇异地学。在教学中，教师能巧妙地设置悬念，就像说评书的人讲到关键处，"啪"的一声："请听下回分解！"大多埋下伏笔，设置悬念。解开这个悬念，常常令人惊叹。在变化中看出不变，又能在不变中看出变换。教师要有发展，有创新，独辟蹊径。

奇异模式的基本教育过程是：

悬念→惊叹→变换→独辟蹊径

幽默模式的特点是：机智风趣，幽默地学。作者很同意董远骞在《教学的艺术》中的看法："从学校的实际状况看，幽默不是多了，不是几秒钟到一两分钟的幽默挤了教学的时间，而是幽默太少。值得同情的是，学生还在没有幽默、没有愉悦的教学下作长久的挣扎。因此，应该向教师呼吁：不妨多一点幽默。"作者认为，在一堂课中，应该让学生有一两次喝彩，师生都学会幽默，这是可以逐步达到的。

幽默模式的基本教育过程是：

诙谐→机敏→笑声→融洽气氛

上述五种"审美"教育模式，对教师有一定启发性，但是如何具体操作，尚缺乏具体说明。因此，需要完整地建构"审美—立美"教育模式。

"审美—立美"教育模式的主要特征是什么呢？

审美是认识美之所在，立美是创建美之实践。"审美—立美"教育模式的主要特征是：从审美视点出发，经过一组对立范畴的转化，达到立美建构。其中的一组对立范畴的转化，可以是艺术美的范畴转化，例如和谐→奇异、多样→统一；可以是科学美的范畴转化，例如分析→综合、复杂→简单；可以是艺术美、科学美两者融合的范畴转化，例如发散→收敛、浅显→深奥等。

审美视点如何确定呢？整体地说，是从思维（科学）美、自然（科学）美、人文（科学）美、社会（科学）美、综合（科学）美中去选择。就一节课（40 分钟）而言，大多选择一个审美视点来展开。

立美建构如何实现呢？整体地说，是通过内容美、形式美、方法美、过程美、结构美来实现。就一节课（40 分钟）而言，最后能有所创新，来实现其立美建构。

"审美—立美"教育模式的全过程要体现出教育美。教育既是艺术，又是科学，所以没有艺术美（主要表现在师生间的情感交流）就没有教育美；同样，没有科学美（主要表现在教学内容中的科学方法）就没有教育美。教育美并不等于艺术美和科学美的简单相加，因为如果是相加关系，若艺术美和科学美中有一项为零，仍然可以得到教育美为正，这是不合实际的。教育

K13　即时反馈，有针对性：给学生的练习题，当天让学生知道答案，自我纠正。

美是艺术美和科学美的有机融合，可以用相乘关系来表示，因为艺术美和科学美中有一项为零，其结果的教育美还是为零。用公式表示为：

$$教育美＝艺术美×科学美$$

艺术美主要是一种感性美，其特点是：个性突出，主观性强。"情人眼里出西施"，"热爱是最好的老师"。

科学美主要是一种理性美，其特点是：共性突出，客观性强。"黄金分割才最美"、"对称破缺才最美"。

教育美＝艺术美×科学美，也可表示为：

$$教育美＝感性美×理性美$$

教育美是一种综合美，其特点是：主体、客体相互作用，个性、共性整合统一。

艺术美的主要原理是：情感转移、和谐奇异、多样统一。

科学美的主要原理是：相容一致、简单复杂、结构统一。

上述艺术美三原理和科学美三原理融合一起，一以贯之地贯穿"审美—立美"教育过程的始终。这既帮助我们确立审美视点、对立范畴，又帮助我们立美建构，有所创新。

5.3　即时反馈，有针对性（K13）

作者关于考试的经验有：

（9）要千方百计让成绩差的同学考出好成绩，一定要增强每位学生的自信心，激发学生的学习兴趣，因材施教地改进学生的学习方法，让学生能建构地、主动地、体验地、合作地进行学习。

（10）要从逻辑、操作、艺术、交往这些不同的思维方式进行考试。让每一位学生在一学年中都曾有获得前三名的经历，对你的教学留下美好的回忆。

（11）对成绩优秀的学生，真正有效的促进方法是让他们深切地知道不进则退。考试要让他们感受到一定压力，保持必要的张力，避免他们盲目自满，但不能伤害他们的自信与自尊。

（12）每次考试后，应立刻将正确答案公布或发给每位学生，让学生趁热打铁，修正错误，巩固正确，打好基础。当天知道作业正确与否，对于有效的学习是十分必要的。

即时反馈是一种重要的教学方法。对中小学生而言，所做习题，如果当天知道正确答案，学习效率才可能较高；如果一周后才知道正确答案，学习效率已大为降低；如果根本不知道正确答案，就只能是无效的学习。

系统教学法建议教师：学生做了习题，最好当天就让其知道正确答案，并且加以比较和改正。进行一次测验，收上考卷，立即就应当将正确答案公之于学生，并要求学生认真即时改错。这是一条完全可以操作的建议。只要认真做到这一条，教学效率将是较高的。有经验的教师常能预先知道学生在什么地方容易出错，或能根据前一阶段的学习，预测到后一阶段的学习可能出问题的地方，从而有针对性地给予预测信息，这对于提高教学效率和质量是大有好处的。

什么叫学习？根据反馈原理我们可以给学习下一个较为科学的定义：学习者吸收信息并输出信息，通过反馈和评价知道正确与否的整个过程称为学习。

这个学习的定义是有实际意义的。这个定义表明只有吸收信息和输出信息，没有反馈信息和评价信息，并不是一个完整的学习过程。一个完整的学习过程四者缺一不可，而且时间不能拉得过长，要趁热打铁，要即时反馈信息，即时评价效果。根据人脑的记忆和遗忘规律，如果时间拉得过长，不即时反馈，不即时评价，就会大大影响学习的质量、学习的效率。这一关于学习的定义，要求教师和学生把问题→解答→评讲→改错紧密结合为一个整体，把看书→思考→讨论→评价紧密结合为一个整体，把讲授→测验→改卷→评讲紧密结合为一个整体，而且不要把几个阶段拖得太久，信息要即时反

K14　认识学生，教学研并进：认识学生，知学知教，教师要成为教学的研究者。

馈。实验表明，对于中小学生的学习，即时反馈以在一日内反馈为好。

有一些学生学习效率低，重要原因之一是花费了时间学习，但并未真正学习。常常是问题→解答，结果并不知道正确与否，这不是一个完整的学习过程；尤其是对难题乱猜，更不知道什么是正确结果，用了时间，效果很差；更严重的是，长此下去，学而无趣，影响情绪。学生感到学得苦，苦在什么地方？苦在自己感到没有进步，学习效率低。

有针对性是又一种重要的教学方法。一位教师给学生讲的内容，学生早就懂了；学生不懂的地方，教师又恰恰没有讲——这种无针对性的教学，教学效率肯定很低。有的教师教学质量不高，重要原因之一是不即时听取从学生那里来的反馈信息，不即时评价。教师应重视听取从学生那里来的反馈信息，经过思考，再给予评价，并从学生一方再次得到反馈信息。因此，教师与学生之间相互的即时信息反馈非常重要；否则，不能形成真正的教学。双向即时反馈对于我们认识什么是真正的学习，什么是真正的教学很有帮助。

——"即时反馈，有针对性"这一建议是完全可以操作的。

5.4　认识学生，教学研并进（K14）

作者关于提问的经验有：

（13）设计教案的核心是设计问题。问题要深浅适度，利于启发学生；问题要有生活背景，能激发兴趣；问题要有实际意义，为今后学习奠基；问题解答要即时反馈，真正巩固。

（14）提问与思维。选择思维的问题是："这是唯一的解决办法吗？还有其他解决办法吗？"拓展思路。前瞻思维的问题是："如果那样做，会出现什么情况呢？"要有预见。

（15）情感思维的问题是："出现这样的结果满意吗？我在情感上能接受吗？"尝试体验；换位思维的问题是："别人怎样看这个问题？别人会有怎样的感受？"设身处地。

（16）要鼓励学生提问题。要将学生的问题集中起来进行系统研究，努力做到针对性强，切实帮助学生解决自己提出的问题。从问题到问题，学无止境。

认识学生，这是提高教学效率和教学质量的基础所在。怎样认识学生？重要的方法之一是应用问卷调查学生"什么样的教师是好教师"，并进行统计和分析。最好是以一个班级或一个年级为对象进行问卷调查和统计分析，因为不同年级的学生对"什么样的教师是好教师"看法不完全一样；而且最好是每学年之初进行一次，因为随着时代发展，教育进步，学生对教师的期望会发生变化。有了对问卷的统计，就能了解学生群体的倾向性看法；再辅之以个别交谈，就能做到较完整、较准确地认识学生。

教师与学生个别交谈要有计划，力争做到在一学期内，同所有学生都有交谈的机会。个别交谈可长可短，但不要有被遗忘的学生，因为学生喜欢一视同仁的教师。

了解学生群体究竟喜欢什么样的教师，并努力去做一位学生们所喜欢的教师，这是搞好教学工作的前提。学生喜欢教师"有责任感"，如果一位教师无责任感，就搞不好教学。学生喜欢教师"教法生动有趣，容易领悟"，如果一位教师的教法呆板无趣，不易领悟，也就搞不好教学。

有效率的教学总是始于鼓励，终于成功；无效率的教学大多始于责骂，终于失败。一位学生写道："知道'骂人'是最大的无能——这才是个好教师。"

在一学期的期中和期末，还要应用问卷调查、开座谈会、个别交谈等多种方式，了解学生对所学学科有什么希望和建议。教师应努力满足学生的希望，接受学生好的建议。

问卷调查、统计分析、开座谈会、个别交谈——这为因材施教提供了基础，是完全可以操作的。教师把一些工夫花在认识学生上是很值得的。教师既要认识书本，更要认识学生。心目中有学生才可能确保有高效率、高质量的教学。

教学研并进，这是指教师要"教"、要"学"、要"研"——这三者要齐头并进，做到"勤教之，博学之，深研之"。孔子说过："学而不思则罔，思而不学则殆。"同样的道理可以说："教而不学则罔，学而不教则殆。""教而不研则罔，研而不教则殆。"优秀教师必须是在教、学、研三方面都追求卓越，追求精深，追求创新。

教什么？要教有长远价值的知识给学生，要教有普遍用处的能力给学生，要教大众认同的道德给学生。学什么？要面向现代化去学习，要面向世界去学习，要面向未来去学习。研什么？要研究人类认识的规律，要研究学生认识的规律，要研究所教学科的教学规律。一位优秀教师更重要的是将"教什么"、"学什么"、"研什么"——三者从内容上整合起来。例如正在教数学，当然要学数学，研究怎样教好数学。三者匹配起来，效果才好。"教"、"学"、"研"三者如果不相配合，其结果是教不好，学不深，研不透。《礼记·学记》上早就精辟地论述了"教学相长"。对现代的教师，理当加上"研"。于是可以这样来发挥："学然后知不足，教然后知困，研然后知美。知不足，然后能自反也。知困，然后能自强也。知美，然后能自创也。故曰：教学研相长也。"

研究会使我们知道所教学科的美。知道所教学科之美便能促进师生们去创造。这必然从整体上大大提高教学效率和教学质量。

陶行知主张"生活即教育"；车尔尼雪夫斯基主张"美是生活"。由此可引申：教育即美，美即教育。没有美的教育和没有教育的美——这两者同样是不可想象的。

马克思认为"劳动创造了美"；恩格斯认为"劳动创造了人"。教育就是培养人，由此可引申：创造即教育，教育即创造。没有教育的创造和没有创造的教育——这两者同样是不可想象的。

"教学研并进"的目标，是达到美的创造。教学达到了美的境界，还担心效率和质量不高吗？

——"认识学生，教学研并进"这一建议也是可以操作的。

K15　心中有数，注重实效：有定性认识，有定量分析；掌握分寸，适度才有实效。

5.5　心中有数，注重实效（K15）

心中有数，是指对于教学过程要分阶段。每一个阶段，平均为多少时间？逐步深化，学习的"一步"多长为好？一节课40分钟，平均可以学习多少知识？或者说，一节课平均可以学习多少组块和产生式？"学而时习之"，复习的周期如何安排更为合理？要掌握一个产生式，需要复习多少次才行？这些问题都需要通过实验"定量"地加以研究，其目的是为了减少做无用功，注重教学的实效，提高教学效率。

大家知道，人脑在学习时的微观结构与功能至今尚未搞清楚。科学家研究学习和记忆的微观机制还没有实质性的进展。目前只能在一些宏观实验结果的基础上，提出"唯象"的"定量"分析，并非"定论"，但有启发。首先，我们看怎样对教学过程进行阶段划分。

朱熹早就提出教育要分阶段，他提出15岁之前是"小子之学"，15岁之后是"大人之学"。对于"大人之学"的学习程序，朱熹强调采用《中庸》上提出的"大学之序"："博学之，审问之，慎思之，明辨之，笃行之。"

根据作者对中国古代教学方法的体验，以及最近所取得的教学实验，作者建议将"小学之序"表述为："熟读之，背诵之，对话之，领悟之，创新之。"

中国古代有小学、大学，没有中学。现代有了中学，理应有"中学之序"。建议将"中学之序"表述为："具体之，抽象之，讨论之，练习之，评价之。"

两千多年来，中国的"为学之序"，大多可分为5个阶段。从近现代教育发展史看，也强调课堂教学要分段。

小学时期，从认识论看，主要的课堂教学模式是具体模式。基本教学过程是：直观→记忆→理解→练习→评价。这是夸美纽斯式的课堂教学阶段划分。

初中时期，从认识论看，主要的课堂教学模式是形式模式。基本教学过程是：预备→提示→联系→系统→应用。这是赫尔巴特式的课堂教学阶段划分。

高中时期，从认识论看，主要的课堂教学模式是直觉模式。基本教学过程是：问题→假设→推演→验证→反馈。这是杜威式的课堂教学阶段划分。

三百多年来，有世界影响的课堂教学阶段模式也大多分为5个阶段。如果一节课为40分钟，则每一阶段平均为8分钟左右。在中小学课堂教学中，一定要分阶段，不能讲到底、满堂灌。大多分为5个阶段，每个阶段平均为8分钟左右，也就是每8分钟左右就要"换节目"。以学习中文、英文为例，听、说、读、写、问要交替进行。请注意，这里是讲"平均"。小学可分为五六个阶段；初中可分为四五个阶段；高中可分为三至五个阶段。课堂教学不分阶段是不行的，走马灯似的分太多的阶段也是不行的。总之，一切都要根据教学内容、教学对象、教学条件，灵活加以变换。

一门学科的知识，可以分解为若干"组块"与"产生式"。以学习中文、英文而言，一个字或词可作为一个组块；一个句型可作为一个产生式。以学习数学而言，一个名词或术语可作为一个组块；一个定义或公理、定理可作为一个产生式。

根据实验，人的短时记忆的容量为5个组块，贮存时间每个组块为0.5秒；长时记忆的容量为"无限大"，贮存时间为每个组块8秒。根据作者对人的学习情况的统计，平均每1小时学习4～20个组块，1个产生式较为合理。

根据记忆与遗忘的实验研究，遗忘的规律是先快后慢，因此复习的周期应先短后长。为了有效地记忆住一个组块，一个产生式，第1复习周期，是当天复习，$T_1 = 1$（天）；第2复习周期，是第2天，$T_2 = 2$（天）；第3复习周期，是第4天，$T_3 = 4$（天）；第4复习周期，是第8天，$T_4 = 8$（天）；第5复习周期，是第16天，$T_5 = 16$（天）；第6复习周期，是第32天，$T_6 = 32$（天），等等。其一般的复习周期公式是：$T_n = T_1 2^{n-1}$（$n = 1, 2, 3, \cdots$）实验表明，按1，2，4，8，16，32，…为复习的周期是较为合理的。

学习的知识需要长时记忆在大脑中。短时记忆的贮存时间每个组块0.5秒，若重复20次，则总时间为10秒，已大于长时记忆一个组块的时间（8秒）。以记忆一个生字为例，一天重复20次，就已经贮存在长时记忆中了。

重复太多，则效率大降；重复不足，尚未贮存在长时记忆中，学习效率也低。

人在 1 小时内，学习 4～20 个组块，1 个产生式。从长时记忆的角度看，最多 3 分钟；但是真正掌握，能够应用，却要花费 60 分钟。这启示我们："学而时习之"，需要反复 20 次，才能贮而能用。这即是说，1 个产生式，要从长时记忆中取出来，又贮存进去，需要重复 20 次，这个产生式才真正贮而能用。例如掌握 "勾股定理" 这一产生式，重复 20 次即可，没有必要重复 30 次；"正弦定理" 如果只重复了 10 次，恐怕就复习不够。要恰当分配时间，使必须掌握的产生式都有合理的复习次数。

人们短时记忆的容量是 5 个组块。1 个产生式中包括的组块数平均约为 5 个组块。例如一个完整的句型，这是一个产生式，但一个完整的句型可以分解为主语、谓语、宾语、补语、定语等等，从语法上看，一般可分为 5 个成分左右。

对于中小学教学而言，一节课 40 分钟，平均地说，可学习 5 个组块，1 个产生式。这个产生式必须是一个完整的产生式。在一节课内，对这 5 个组块，1 个产生式能重复（听、说、读、写、问）20 次，即已贮存在长时记忆中了。

如果学生能自觉地对当天的功课当天复习，教师能主动地对学生当天的练习当天评议，这就已经实现了第 1 复习周期的要求。再恰当地按照 2，4，8，16，32…的周期复习，或在 "随机" 的周期内能重复 20 次，这 5 个组块和 1 个产生式，学生就可能牢牢地掌握了。

上述定量分析，是在记忆掌握组块与产生式这种水平上的；进一步在理解创新水平上的定量分析，还有待深入研究。对于学习语文而言，前者是在认字造句水平，而后者则是在对课文整篇的理解和作文要有创新这种更高水平。对此，中国人也有一些经验。比如说："古文要过关，背诵 50 篇。""熟读唐诗三百首，不会做诗也会吟。" 这是对理解创新水平的一种定量说明。看来，比之于记忆掌握水平需要重复 20 次，理解创新水平需要付出更大努力。两种水平的学习是相互联系、相互促进的。正因为如此，学中文要求 "集中识字，提前读写"；学英文则要求 "听说领先，读写跟上"。两种水平

K16 健康第一，真善美统一：身体心理健康是第一位的事，真善美统一才是健康。

的学习要紧密结合。

上面这些定量分析，对中小学生学习语文、英文、数学是有启发性的。教师可自行设计教学方案进行实验，使之在较少时间内让学生学得更好。

——"心中有数，注重实效"这一建议是能够操作的。

5.6 健康第一，真善美统一（K16）

作者关于综合的经验有：

（17）对学生好的言行要及时给予肯定的回应，对学生不好的言行要及时给予否定的回应。大多数应是肯定回应，否定回应只占少数。

（18）每一学年都要调查统计学生喜欢什么样的教师，力争在自己最弱的一项上有所改进，不断提高自身素质，重在提高教学的艺术性，体现出审美和立美，艺无止境。

（19）每上一节课，要设想全人类都在倾听，要认真负责、实事求是、力戒偏见。要以自己的全部智慧来上好一节课，让学生如坐春风。生命和使命，价值统一。

（20）要珍惜时间。力争以较少的时间，让学生掌握较多的知识，培养较强的能力，学会独特的审美，发展良好的人格。知识、能力、审美、人格是不可分割的整体。

粗放型教学，采用拼体力、占时间的方式，必然以损害师生健康为代价，去获得一小点考试分数的提高。用经济学语言说，这种教学的成本太高了，很值不得！损害了师生的健康，教师难以继续提高教学质量，学生也不会继续学得更好，得不偿失。不符合科学发展观，不利于人的可持续发展。毛泽东主张"健康第一"。他说："德智皆寄于体，无体是无德智也。"所有教师在进行教学时，都应当时时想到"健康第一，学习第二"。并不是布置作业越多越好，并不是重复次数越多越好。教师要重视教学的科学性，了解学生学习的生理、心理过程，确保"健康第一"，包括身体健康与心理健康。

教师在上课时，要重视将知识、能力、人格三者整合起来，重视环境、健康的作用。

在教学中力争做到"教学做合一"——这是实现知识与能力相互促进、相互转化的重要机制。如何做到"教学做合一"呢？重要的是：即知即传、个性发展、知行统一。

在教学中力争做到"真善美统一"——这是实现知识与人格相互促进、相互转化的重要机制。如何做到"真善美统一"呢？重要的是：观点正确、方法科学、情操高尚。

在教学中力争做到"德才识统一"——这是实现能力与人格相互促进、相互转化的重要机制。如何做到"德才识统一"呢？重要的是：联系实际、研究问题、探索创新。

我们强调"健康第一"，"真善美统一"，似乎较为抽象，不好操作，但是领会了其中的精神，是完全可以体现在操作之中的。"健"与"美"也是统一的。不"健"，哪有"美"？不"美"，哪有"健"？

"健康第一"，不仅指个体的健康，而且指群体的健康，以及整体的健康。这就不得不考虑环境——物质环境和精神环境。现代科学成果使我们认识到，保护环境，重视生态，是人类赖以生存的必要条件。否则，人类社会不可能得到持续发展。这一观点有重要的教育意义，使我们不得不改变教育观：重视环境，重视健康的整体性。损害了健康，对个体、群体、整体都是不利的。保护环境，才有利于社会的可持续发展；保护健康，才有利于人的可持续发展。

忽视环境和健康，教学效率必然很低；相反，重视环境和健康，教学效率才有可能提高。

忽视了"教学做合一"、"真善美统一"、"德才识统一"，教学就会显得单调、枯燥，缺少整体的力量。如果一位教师时时刻刻在教学中都注意体现出知识、能力、人格三者的整合，坚持下去，教学效率难道会低吗？

——"健康第一，真善美统一"这一建议同样具有可操作性。

●提升教学水平的钥匙

K11　整体备课，纵横联系：集中备好全学期的课，重视前后联系和学科渗透。

K12　教学生动，如坐春风：从形象到抽象，既和谐又奇异，既多样又统一。

K13　即时反馈，有针对性：给学生的练习题，当天让学生知道答案，自我纠正。

K14　认识学生，教学研并进：认识学生，知学知教，教师要成为教学的研究者。

K15　心中有数，注重实效：有定性认识，有定量分析；掌握分寸，适度才有实效。

K16　健康第一，真善美统一：身体心理健康是第一位的事，真善美统一才是健康。

K17　指导学生改进学习方法：给学生通用的学习方法，也给学生互补整合的学习方法。

第 6 章 教师要引导学生"学会学习"

6.1　学生通用的学习方法（K17）

学生最重要的任务就是学习。应当怎样学习才最有成效呢？首先，应当确定正确的学习目的，才能获得巨大的学习动力；其次，必须具有诚实的学习态度和科学的学习方法。目的、动力、态度、方法是相互联系、相互影响、不可分割的，下面都要谈到，但着重谈学习态度和学习方法。

每一位教师都应当给学生介绍通用的学习方法。也许每一位教师对通用的学习方法理解不尽一样，但共性还是主要的。下面是作者在教中学时给学生介绍的通用的学习方法，供教师们参考。

6.1.1　专心听课，记好笔记，及时复习，认真做题

听好课是学习知识的第一步，虽然大家都知道，却不一定都做得到。做不到的原因很多：一是课前准备做得不好；二是不注意休息和锻炼，脑子不清醒；三是东想西想，心不专一等等。要听好课，首先课前要做好准备工作。书、本子、笔等必需品应早准备好；思想上也

要做好准备，预备铃响后可回忆一下上次讲的内容。要保证充足的睡眠和体育锻炼时间，使上课的时候头脑清醒。同时上课不要去东想西想，要制止自己思想开小差。在听好课的同时，应记好笔记。记笔记对高中学生尤为重要。记下提纲、重点和关键，才便于复习。

有的学生忙于应付课外作业，不会做，自己不看书，就问别人，就抄答案，总之，以为完成作业就万事大吉，这很不好。不复习功课就草率地做作业，既花费时间，又未巩固知识，一举两失。首先要复习功课，认真地阅读教材，或看参考书中的相应部分，然后才做作业。读懂了教材，能够帮助你正确而迅速地完成作业；做了作业，又能加深你对教材内容的理解，这样才能逐步牢固地掌握知识。

6.1.2 独立思考，要下苦功，不懂要问，直到真懂

在复习功课和做作业时，首先要自己动脑、自己动手，先下一番苦功，不能有丝毫依赖别人的打算和做法。掌握知识归根结底必须依靠自己努力，别人的劳动代替不了自己的劳动。自己不经常熟读课文，不独立地练习作文，难道语文能学好吗？自己不认真钻研教材，不独立演算习题，难道数学能学好吗？凡是直接或间接、全部或部分抄袭别人的作业，自己不思考，那是决然学不好的。得来容易，丢得也容易。抄一遍的确比不抄好，但认真独立地做一遍比抄一遍好得多。

对于数学、物理、化学等学科，书上的例题很重要，不能一看而过，合上书又茫然。最好的方法是：独立演算例题，做了再与书上的解答对照，从中检查自己的学习情况，总结成功和失败的地方，并用文字批在做的题旁边。做错了，为什么会错？一定要找出原因。对一题多解的，还应比较哪一种解法好。每隔一段时间，再翻阅自己做的题，反复思考。坚持这种方法，日积月累，进步将是显著的。

自己下了苦功，仍然还有不懂的地方，就应该大胆地问老师或同学，不要怕羞，不要怕别人不正确的议论。当别人给出解答后，如果还未懂，必须再问，甚至反复问多次，直到真懂为止。

学习不能有半点马虎和虚假。不懂装懂是十分害人的。懂就说懂，不懂

就说不懂，这种态度就是"懂"的表现，这个"懂"是指懂得正确的学习态度。不懂要问，直到真懂，这才是对的。知识只有在清除了虚假和错误的土壤中才会生根发芽。

6.1.3 认真实验，细心大胆，动脑动手，追究根源

在学习自然科学，如物理、化学、生物时，应当重视实验。实验不仅有助于我们理解和掌握知识，同时，通过实验还使我们获得一些实际本领和技能。理论和实际必须紧密结合起来。任何自然科学理论都建立在一定的实验基础之上，因此一定要理解理论的实验基础。同样，任何实验都是在一定理论指导下的实验，不是乱碰，因此还一定要理解实验的理论基础。只思考不动手，或只动手不思考都不好。正确的方法是：既要思考原理，又要动手操作，两者紧密结合，才会进步显著。

在做实验时，既要细心，又要大胆。对自然现象要仔细观察，动脑想一想，动手做一做，这会使我们获得许多宝贵的直接知识。它是我们学习科学知识的重要基础。没有一定的直接知识就不可能获得丰富的间接知识。要养成爱观察、爱实验的习惯，要养成追究问题根源的习惯。这对搞好学习和今后参加工作都是十分重要的。

6.1.4 每章学完，系统复习，学会总结，掌握联系

任何学科的每一章学完后，必须系统复习。这犹如进行产品的包装工作一样，否则是很容易丢失的。系统复习可使前后知识连贯起来，使我们更深刻地理解知识和牢固地掌握知识。任何一门学科的知识都不是孤立无关的，而是彼此紧密联系的。知识的系统性，或说知识的内在联系，或说知识的结构，是一门学科的"中枢神经"。每章学完，如不系统复习，掌握知识的内在联系，则所学知识就是零碎的、不连续的，失去了"中枢神经"，学的知识就僵硬不灵，故系统复习非常必要。

从人的记忆规律看，要记住某种知识，最为行之有效的科学方法是：将这一知识纳入一个系统，或说纳入一个结构，使之与你已经掌握了的其他知识联系起来。例如孤立地记外语单词常常不易记住，一旦你将这一单词放入一个生动的句子里，则易于记住。又如一个较复杂的数学公式硬记往往容易

忘掉，一旦你能由此及彼地将公式推演出来则易于记住。尤其是通过自己在不同的情况下多应用几次，则根本就不会忘记了。由此可见，系统复习，掌握知识的内在联系，实在太重要了！

系统复习是培养概括总结能力的重要途径。系统复习时，不仅要看书、思考，而且必须动笔写，写一遍胜过看十遍。但不能盲目地乱写，应在思考的基础上，把每章知识的要点写下来，经常翻阅，牢牢记住，这样知识才会在头脑中生根。如果学一点就丢一点，学后面就忘前面，这怎么能学好知识呢？对于总结，应着重于内容，至于总结的形式可以多种多样，因人而异，不必追求统一和完美。经验表明，一个学生如果经常概括总结所学知识，坚持下去，则分析问题和解决问题的能力将会大有提高。

6.1.5　不怕困难，反复钻研，败不自卑，胜不自满

要搞好学习，就得不怕困难。有的学生一见习题较多，或一见习题较深，就叫苦连天，这是不好的。习题做得太少，知识就不巩固；而很浅的题即使做一万道，作用也不大。做毫无困难的题，做了也无价值。有的学生在读书时，一见难懂的地方就愁眉苦脸，不去努力钻研，只是叫喊难，这仍然不能战胜困难。其实，遇到疑难是好事，克服了疑难就是一个巨大进步。要想在学习上不遇困难，除非不学习。"勤人登山易，懒人伸指难。"我们都愿做一个勤快的人，怕什么困难呢？学习中遇到困难应反复钻研。钻研问题是一件愉快而有意义的事。经过钻研，克服了疑难，掌握了知识，就会感到钻研的无比快乐。这正像登上山顶极目瞭望那样兴奋和快乐，有助于进一步提高学习的积极性和主动性，从而使你乐于去钻研更深的问题，克服更多的困难，使你更加快乐。这就叫钻进去了。这对于你取得优异成绩是不可缺少的必要条件。

在学习中，有时会遇到极大的困难和挫折，有时测验的成绩很差，这时决不要自卑，自卑将使你寸步难行。不要迷信什么天才，天才在于勤奋。当然，由于早期学习状况和后期学习条件的关系，不同的人将会在不同的领域内显示他的才能。只要努力，即使在这一方面没有天才，在另一方面也会有天才的。因此可以说，只有懒人才是没有天才的。

在学习上应经常记取自己失败的教训。每次作业或测验中凡做错了的，都应彻底搞懂，最好重做一次，还应分析错误的原因，不能容忍错误，容忍错误本身就又犯了一个大错误。如果经常记取教训，就一定会有显著的进步。在学习上不应被"同一个石头绊倒两次"，错了就改，下次不再错，这难道不是在进步吗？

当通过自己的努力获得了好成绩时不应自满，因为自满是失败的开始。"虚心使人进步，骄傲使人落后。"要知道知识的海洋是无限宽广的，真理的星际是没有尽头的。学了一点点知识就自以为了不起，到处吹嘘，这等于宣扬自己无知。

6.1.6　循序渐进，由浅入深，不要急躁，不要停顿

要牢固地掌握知识必须循序渐进，由浅入深。"万丈高楼从地起。"地基未打好，如何建高楼呢？二层楼未建起，如何修得起第三层楼呢？建筑知识大厦也是一样，必须先把地基打好，然后一层一层地修筑。地基未打好，建筑起的知识大厦定会倒塌，所以学习知识应特别重视基本功。对于基本概念、基本原理、基本技能要反复练习、扎实掌握。学语文，对阅读、写字、作文等基本功要练实在。学数学，对定义、公理、定理、公式、法则要记得牢、用得活。学外语，对语音、常用词汇和句型、基础语法要掌握好。学理化，对定义、原理、定律、公式要熟练掌握，并能应用。

只有重视基础，循序渐进地学习，才能牢固地掌握知识。千万不能急躁，"欲速则不达"，急躁的人一件事往往要做几次。不要急躁不等于迟缓，更不等于停滞不前。学习知识既不要急躁，也不要停顿。学习应该不间断，每天都应学点自己所不知道的东西。人们常说："不怕慢，只怕站。"谁要是停顿了，就必然落后，最好的口号是"学习、学习、再学习"。

以上谈的六点是否正确还得在各自的学习中去试一试。如有不妥当的地方，就换个法子；如果确有成效，就应坚持下去。有了方法而不实践，如同有了工具却不生产，宏伟的计划就会变成彩虹，瞬息消散；有了方法而不运用，如同有了农具却不耕种，丰收的愿望就会变成流星，陨落太空。要搞好学习，要取得优异成绩，不是建立在幻想上，而是建立在行动上。

学生通用的学习方法：

● 1　专心听课，记好笔记，及时复习，认真做题
● 2　独立思考，要下苦功，不懂要问，直到真懂
● 3　认真实验，细心大胆，动脑动手，追究根源
● 4　每章学完，系统复习，学会总结，掌握联系
● 5　不怕困难，反复钻研，败不自卑，胜不自满
● 6　循序渐进，由浅入深，不要急躁，不要停顿

6.2　互补整合的学习方法（K17）

好的学习方法，常常要将"对立"的方面"互补"起来使用，而不是孤立地使用；常常要将几种方法"整合"起来，提高学习的效果。不是采用"非此即彼"的思维，而是采用"亦此亦彼"的思维。引导学生"学会学习"，应尽量多用生动的比喻，下面用"诗文融合"的形式，讲述几种"互补整合"的学习方法。

6.2.1　学习、做事、生活、创造

20世纪最响亮的教育口号是"学会生存"。有人提出类似的教育口号是"学会关心"。综合起来，21世纪响亮的教育口号应该是"学会做人"。"学会做人"有四个方面的具体内容：学会学习，学会做事，学会生活，学会创造。学习、做事、生活、创造，四者是一个不可分割的整体。"学会学习"、"学会做事"是基础，"学会生活"、"学会创造"是目的。"学会学习"、"学会做事"，不能离开"学会生活"、"学会创造"；同样，"学会生活"、"学会创造"，不能离开"学会学习"、"学会做事"。"学会生存"、"学会关心"的基础，也必然是"学会学习"、"学会做事"。由此可见，"学会学习"、"学会做事"实在是太重要了！

学习是科学，又是艺术。学习是科学，科学就有自身的原理。按照系统

科学给我们的启发，学习的科学原理有反馈促进原理、开放有序原理、整体优化原理。学习又是艺术，艺术就有不同的风格。不同学科，不同时代，不同的人，都可以创造出丰富多彩的学习技艺。

"学会做事"常常被忽略。学会做事既有利于学会学习，又有利于学会生活。从小就要学会做事，从打扫清洁，搞好个人卫生和环境卫生开始，到收拾整理卧室以及做有利于集体的公益事情等等。长大了，有了工作，更是天天都要做大大小小的事。小事做不好，大事也就难做好。在教育过程中不能忽视了"学会做事"。

生活是小文化，又是大文化。生活与文化是紧密相关的。文化即生活方式。生活是小文化，小文化指衣、食、住、行、语言、文学、艺术、音乐等；生活又是大文化，大文化指经济组织形式、政治组织形式、教育组织形式、科技组织形式、宗教组织形式等。"学会生活"包含着既要学会适应小文化，又要学会适应大文化。

创造是直觉，又是逻辑。创造是直觉，就要学会以整个知识结构为背景的迅速认知；善想象，敢猜测，会选择；既会发散思维，又会收敛思维。创造又是逻辑，就要学会应用形式逻辑、辩证逻辑、数理逻辑；既会探索性归纳，又会探索性演绎；既会分析，又会综合。

学习中，充满着做事、生活、创造；做事中，充满着学习、生活、创造；生活中，充满学习、做事、创造；创造中，充满学习、做事、生活。学习、做事、生活、创造是不应分割、不可分割的有机整体。一旦将四者人为分割了，四者都要受到极大破坏；一旦将四者有机统一了，便会形成紧密的整体结构，从而表现出强大的整体功能。用一个公式表示为：$1+1+1+1>4$。

6.2.2　打好基础与飞腾跃进

学会学习，就既要重视打好基础，又要敢于飞腾跃进。从认识论看，人的认识过程有两个飞跃。从感性认识到理性认识，这是一个飞跃；从理性认识到革命实践，又是一个飞跃。学习的过程是一个特殊的认识过程，必然要遵循一般的认识过程的共性；当然，它又有自身的个性，不同学习阶段的基础与飞跃有着不同的内容与形式。掌握这一认识过程的共性与个性，才有利于将学习、做事、生活、创造四者紧密联系起来，形成一个不可分割的整体。作者曾写过《双脚与翅膀》这首诗，试图形象地表述基础与飞跃的辩证关系。

双脚与翅膀

我不想在背上插上柔软的翅膀，
飞向蓝天，飞往那遥远的地方。
我想先得把双脚锻炼得结结实实，
无论到什么地方都站得稳稳当当。

海燕虽然可以在暴风雨中翱翔，
但它还是需要站立在沙滩岩石上；
雄鹰能在云颠骄傲地展翅高飞，
但空中并不是它安居落脚的地方。

一旦双脚健壮，我渴望长出翅膀，
飞往浩瀚星空，飞进深邃的海洋，
飞入微妙粒子，飞向迷人的远方……
有了火箭和飞船，航天才不是缥缈幻想。

雄鸡虽然能预言黎明的曙光，
但它不能在时空中追赶太阳；
鲸鱼虽然能在海浪里游来游去，
但它不可能在星际中自由奔放。

我要锻炼出结实的双脚，站立稳当，
这是"根"，这是基础，这是力量！

我也要长出丰满的翅膀，飞向四方，

这是"波"，这是希望，这是理想！

6.2.3　学会记忆与理解联系

学会学习，其中包括学会记忆。尤其是学习一种语言，不可避免地要伴随大量记忆。记忆分短时记忆、长时记忆。根据实验统计，短时记忆一个组块需要 0.5 秒，长时记忆一个组块需要 8 秒。短时记忆的容量为 5 个组块，长时记忆的容量为无穷大。大脑能够贮存的信息量是相当巨大的，一个人的一生中不可能达到他的大脑不再能记忆的状态（大脑有疾病者除外）。同时，通过感觉器官进入大脑的信息量也非常大，估计仅 1% 的信息能较长期地在大脑中贮存起来，大部分都被遗忘了。有重要意义的、反复作用的信息被记忆了；无关紧要的、未反复作用的信息被遗忘了——两者各有优缺点。

记忆方法很多，联想记忆、图形记忆、组合记忆、编顺口溜记忆、抓关键词记忆、坐标记忆、列表记忆等等，都是有效的记忆方法。

从学习、做事、生活、创造四者不可分割的观点看，学习并不仅仅就是记忆，花费太多工夫在记忆上，反而会影响创造力。记忆是必须的，不重要的信息记忆过多了是不必要的。记忆的关键是联系。孤立的东西不便于记忆，联系的事物较容易记忆。记忆是个过程，需要一定时间，一位杰出的专家，其专业知识大约要记忆 4 万至 20 万个组块，1 万个产生式，平均需要 10 年。作者由此推出，平均 1 小时可记忆 4 个至 20 个组块，1 个产生式。应用于语言学习，即 1 小时平均可记忆 4 个至 20 个生字，掌握 1 个句型。注意，这些结论要从统计平均意义上来理解。

综合来说，要学会记忆，也不怕遗忘。你想记忆，就能够记住；你会遗忘，就会记得更好。为此，作者有一首小诗献给大家。

记忆与忘却

我能记忆，

但更多是忘却。

忘却一切无意义、不愉快的东西，
剩下的就是智慧和快乐。

我会忘却，
但更会记忆。
忘却那彼此无关的孤立细节，
记忆事物活生生的整体联系。

6.2.4 恒心、虚心、信心

学会学习，智力因素固然重要，非智力因素同样重要。其中最重要的心理品质就是恒心、虚心、信心。没有恒心、虚心、信心，既不可能打好基础，也不可能飞腾跃进。要成为一个作出杰出贡献的专家，需要在一个专门领域里深入钻研 10 年以上，没有恒心行吗？科学技术日新月异，一个人的能力极为有限，必须善于与他人合作才能取得较大成果，不虚心行吗？一个人的看法深刻影响着他的情绪。悲观，常常导致失败；乐观，容易使人成功，没有自信行吗？

我在学习期间为自己写了几句座右铭，常常口中念念有词地默诵这几句话，以克服自己的懒散，以防止自己的傲慢。我实践的结果还比较灵，对自己的学习的确起了督促的作用。愿把这几句座右铭奉献给大家。

座右铭

只有恒心可使你达到目的。
只有健康可使你获得胜利。
只有虚心可使你不断进步。
只有博学可使你明白真理。

只有实践可使你得到本领。
只有做事可使你增长才能。

只有调查可使你明辨真伪。

只有信心可使你创新前进。

学会学习，学会做事，学会生活，学习创造，概括起来就是学会做人。对于这几个"学会"，除了要有恒心、要虚心之外，人人都不可缺少的是信心。恒心、虚心、信心三者整合在一起，决定一个人的成功或失败。三者整合得好，必然成功；三者不整合，容易导致失败。

信　心

学习要有信心，循序才能渐进。

做事要有信心，努力服务他人。

生活要有信心，紧张又能安宁。

做人要有信心，诚信视为根本。

信心就是天平，称量你的本领。

信心就是机器，转动时代车轮。

信心就是电脑，可与世界通讯。

信心就是太阳，放射无尽光能。

我们赞美信心，我们歌唱信心。

童心蕴藏信心，创新增强信心。

信心需要培植，信心需要促进。

信心需要自赏，信心产生信心。

6.2.5　目标、榜样、示范

无论是学会学习，学会做事，还是学会生活，学会创造，要成功地做好任何一件事，都必须设计出具体的目标，包括短期目标和长期目标。有了确定的目标，才有努力的方向。有了确定的目标，就要制订计划；有了计划，就要投入全部精力去执行计划，还要根据结果及时反馈，进行调整。这是一个动态过程：目标、计划、投入、反馈、调整，不断循环，不断改进，不断逼近目标。

学会学习，学会做事，学会生活，学会创造，都需要有榜样作为示范。孔子说："三人行，必有我师焉。"难道我们的同学、同事、朋友没有值得学习的地方吗？同时，我们又要善于选择榜样。"七十二行，行行出状元"，表明行行都有卓越的榜样。不同的行业，要选择不同的榜样。

我在大学里学习物理学，我的老师王季超教授成了我效法的榜样。他治学严谨，教学有法，态度和蔼，努力上进。王季超教授有一位同学是杨振宁教授，他学贯中西，思维敏捷，曾获诺贝尔物理学奖。杨振宁是我学习的榜样。经常研读杨振宁的论文和著作，我获益匪浅。王季超教授和杨振宁教授的老师是周培源教授，他也是我学习的榜样。周培源教授和杨振宁教授的老师，其中有20世纪最杰出的物理学家爱因斯坦。爱因斯坦是我们学习的典范。

爱因斯坦作为一个杰出的榜样是很全面的，包括如何做人，做事，做研究，都值得我们学习。我系统地精读他的论著，读了又读，深受启发。我给中学生作报告，他们问："爱因斯坦对我们有什么启发？"我用下面这首短诗做了回答。

爱因斯坦的启示

要有创造必须酷爱科学，
要有发现必须热情自学。
不满足于占有许多真理，
要勇于对真理不断探索。

自然奥妙绚丽，奇异谐和，
尚有无数规律，等待发掘。
钻研大师著作又不被权威束缚，

认识不可穷尽，真理不会结束。

年少就应立下坚定的志向。
抓住深邃的问题不停思索。
伟大的发现不是唾手可得，
要数学、要直觉、要哲学……

个人的生命有限而知识无穷，
学习和创造必须要紧密结合。
不断地虚心倾听实践的呼声，
创立的理论才可能结出硕果。

6.2.6　文科、理科、艺体

学会学习，应重视文理通科、文理渗透。从学会学习，学会做事，学会生活，学会创造四者不可分割的观点看，高中就分文科、理科是不恰当的。当今世界有两大哲学潮流：一是人文文化；一是科学文化。发展的总趋势是：21世纪，人文文化与科学文化必将走向融合，成为"科学人文文化"或"人文科学文化"。我们现在培养的学生，将在21世纪崭露头角。如果我们人为地造成文理偏科，这就不能适应未来的需要。至于艺术和体育，更是每个学生不可或缺的。艺术提高人的审美、立美的能力，体育使人保持健康的身心。艺术和体育对于开发人的智慧，灵敏人的双手，陶冶人的情操，增强人的协作精神，都具有非常重要的意义。

学习理科，一定要高度重视科学实验。为什么呢？因为科学实验是学习理科不可或缺的基础。科学实验的作用巨大，它能够丰富感性认识，提高学习兴趣；突破重点难点，理解概念规律；形成科学图像，认识科学过程；启发创新思维，增强探索精神；培养观察能力，掌握实验技能；养成良好习惯，学会科学方法。这无论对于学习理科还是文科，都有普遍的价值。

毫无疑问，不同学科的学习方法有其特殊性。当然，也有普遍性。无论文科还是理科，都要求具备一定水平的写作能力。我的儿子读中学时，问我作文有什么要诀。我的回答如下：

作文要诀

认真审题，紧扣中心。
开门见山，逐步加深。
文分几段，段有标引。
过渡自然，结尾照应。

言之有物，句句通顺。
情理交融，感情纯真。
标点准确，字字严谨。
观点正确，分析动人。

文体适当，对象分清。
结构紧凑，立意精新。
围绕主题，旁征博引。
文理渗透，有色有声。

6.2.7 学无止境，创无止境

学会学习，必须有一个明确的认识：学无止境。学会学习是无止境的，学会做事是无止境的，学会生活是无止境的，学会创造是无止境的。牛顿发现了万有引力定律，这是一个伟大的发现。牛顿却说："我只不过像海边游玩的小孩，拾起了一些光滑的石头和美丽的贝壳，而真理的大海却没有发现。"这是一句谦虚的名言，也是科学发展的铁的事实。继牛顿发现引力相互作用后，其他科学家又发现电磁相互作用，强相互作用，弱相互作用。爱因斯坦后半生用了 40 年时间探索引力相互作用与电磁相互作用的统一，没有获得成功。研究这几种相互作用的统一，至今仍是物理学的前沿问题，尚

未解决。即使四种相互作用统一的问题解决了，也决不意味着物理科学的结束。自然界还可能存在第五种、第六种相互作用。任何人、任何理论都不可能结束真理。学习、做事、生活、创造，有着无限广阔的天地。

　　每一个人都应当对学习、做事、生活、创造拥有强烈的历史使命感和现实责任感，勇敢地去学习、去做事、去生活、去创造。如果认为学习是我们的任务，创造是别人的工作，把学习与创造相分离，这就既不利于学习、做事、生活，也不利于创造。学无止境，创造更是没有尽头。

　　《贝壳和大海》这首小诗就体现出"学无止境"的思想。

贝壳和大海

　　　　我忙着为孩子们拾几个贝壳，
　　　　一时忘却了面对的辽阔大海。
　　　　我抬头凝视卷起的层层浪花，
　　　　贝壳怎能使孩子领受大海的胸怀？

　　　　我欲把整个大海带回故乡，
　　　　而大海啊！是那样的宽广！
　　　　我拾起一个亮晶晶的贝壳，
　　　　顿时想起一幅动人的图像。

　　　　牛顿发现海潮起源于引力，
　　　　正是万有引力把整个星系贯穿。
　　　　牛顿说：这只不过拾了个贝壳，
　　　　而真理的大海却没有发现。

　　　　一轮红日从东方蹦出海面，
　　　　光芒四射，大海分外耀眼。
　　　　爱因斯坦试图统一引力和光，

K18 从学生问题中系统学习：系统收集学生的问题，系统回答学生的问题。

至今这个"贝壳"还未发现！

啊！牛顿的贝壳包罗了天体，
真理的大海却无边无际。
大海有贝壳，贝壳又有大海，
贝壳和大海都同样珍奇！

互补整合的学习方法：
● 1 学习、做事、生活、创造
● 2 打好基础与飞腾跃进
● 3 学会记忆与理解联系
● 4 恒心、虚心、信心
● 5 目标、榜样、示范
● 6 文科、理科、艺体
● 7 学无止境，创无止境

6.3 回答中学生提出的问题（K18）

2004 年 4 月 27 日，我为成都七中实验学校的全校学生（有初中生，有高中生），作了题为"学会学习，立志成才"的报告。

报告后，留下 30 分钟回答同学们当场提出的几十个问题。由于时间关系，没有全部回答完。回家后，我将这些问题在电脑上打印出来，共 76 个问题，我一一作了书面回答。

2005 年 4 月 19 日，我又被邀请到成都七中实验学校，为高中 2007 级全体学生（194 人），作《给中学生谈"学会学习"》的报告。我的报告有一个全文的书面稿，于是就可略讲了。在报告之前，龚廉光老师将同学们"关注和困惑"的十多个问题交给我。在报告时，我并没有一一回答。我这次报告主要是当场用问卷调查"优秀学生的素质"和"学习优秀的学生的素质"，在五位班长的协助下，当场统计出这 194 位学生"倾向性"的看法。我就根据统计结果，讲解如何"学会学习"、"学会做人"。同学们的选择结果，实际上也直接或间接地回答了他们提出的问题。为了完整，我仍将这十多个问题一一做了回答。

上述两次报告中，从初中生到高中生，共提出了 88 个问题，这些问题有一定的代表性。我将这 88 个问题分为四大类：其一，有关学会学习，以及提高科学文化素质的问题；其二，有关学会做事，以及提高劳动技能素质的问题；其三，有关学会共同生活，以及提高身体心理素质的问题；其四，有关学会生存，以及提高思想道德素质的问题。一些问题及回答明显属于上述四大类中的一种，不少问题及回答却既可以属于这一类，又可以属于那一类。于是我就稍加调整，以求大致平衡，每一大类都有 22 个问题，为的是便于学生阅读和思考。有的问题和回答略有重复，我认为可以加深印象，所以保留。不妥之处，敬请批评。

6.3.1 有关学会学习，以及提高科学文化素质的问题

（1）我很认真地学习副科（历史、地理等），可是同学们说学习副科没有用，父母也是这样说的，是不是没有用呢？

答：肯定有用。中学开设的每一门学科都是很有基础的，认真学习每一门学科都是必要的。你能学好一门学科，就有助于你学好其他学科。学习的方法和态度是可以"迁移"的。历史、地理是综合性的学科，终身都有用。

（2）怎样才能真正读懂一本好书？

答：好书需要精读，边读边思考，记下精彩的句子，写下自己的体会，与老师和同学交流读书心得。多读、多思、多写、多讨论，就能真正读懂一本好书。

（3）上课不能集中注意力怎么办？

答：请你反思不能集中注意力的原因，是身体的原因吗？是心理的原因吗？是环境的原因吗？一定要找到主要原因，针对原因，加以改进。

（4）有时问老师一些不懂的问题，被同学知道后说我无知，而不问我又

不懂，怎样才能解决这种问题呢？

答：一定要克服"面子"观点。"知之为知之，不知为不知，是知也。""不耻下问"是优点，"不耻上问"怎能说"无知"呢？

（5）请问如何看待如今既要分科又要有创造力这个问题呢？

答：在中学阶段，过早地分理科、文科，从短时间看，有利于提高目前这种考试的成绩；但是从长远看，肯定不利于创造力的培养。钱学森先生说："创造思维是逻辑思维与形象思维的结合。"这需要文科与理科融合，科学与艺术整合。

（6）如何培养对数学的兴趣？

答：请你去读一读华罗庚先生的文章《大哉！数学之为用》。华罗庚说："宇宙之大，粒子之微，火箭之速，化工之巧，地球之变，生物之谜，日用之繁，无处不用数学。"认识到数学很有用，对生活、生产、学习、研究都有重要意义，你就会对数学产生兴趣。

（7）在面临重要考试前，我们应该怎么做，重点复习什么？

答：我不知你说的"面临重要考试前"是"前"多少天？如果是"前一个月"，当然，还要抓紧复习，查漏补缺，要有针对性；如果是"前一周"，就应该系统回顾，把握整体，不要去猜考题；如果是"前一天"，就应保持心理平静，要有健康状态，不用去复习了。

（8）怎样学好语文？怎样学好英语？

答：可以用四个字来概括："熟读课文"，这是学好语文的基础。熟读课文，最好能达到背诵，精彩的段落要能默写。坚持记日记，有体会则写多一些。听、说、读、写，还应加上评论，自我评论课文以及自评自己写的作文。应是听、说、读、写、评，五者不可缺一。学好英语的方法，是"听说领先，读写跟上"。首先也是要熟听课文和熟读课文，要能听得懂，说得来；在听、说基础上，加强读、写、译。听、说、读、写、译五者不可缺一。

（9）我对您的"在初中不用把一门学科学得十分好"有些不明白。我认为，一个人要能把自己所学的东西都学到拔尖，到了中考时才能得到一个令自己满意的成绩。请您再细一些地讲一下此问题。

答：谢谢你！你能够对我的报告提出质疑，这种敢于质疑的精神很好。我的意思是：初中有许多门学科，都是基础，都应当学好；最好不要单科独进，不要在一门学科上花太大力气，过于超前学习。除了"艺术"和"体育"这些学科之外，其余学科中不必将一门学科过分超前，而影响其他学科的学习。这样做，也是有利于升学考试的。你说这对吗？我的说法是对大多数学生。少数学生，在学好每一门学科的基础上仍有余力，当然可以将喜欢的一门学科适当超前，学得更好。

（10）语文的阅读和作文怎样才能有所提高？

答：语文的阅读，有泛读和精读。泛读是提高阅读速度，学会快速把握要点，以量取胜；精读是提高阅读深度，学会理解与发挥，以质取胜。我认为在阅读时间分配上，大约应各占一半，两者都需要；同理，作文有快写和慢写，前者在于提高写作速度，后者在于提高写作水平。我认为在作文的时间分配上，也大约应各占一半。只泛读和快写有片面性，同样，只精读和慢写也有片面性；两者结合，有量有质，有浅有深，才会较快提高语文水平。

（11）我并不偏科，但"样样精通，样样稀松"，如何消除这种状况呢？

答：中学阶段每一门学科都是为你的终身学习、终身发展打下良好的基础，不偏科是对的；同时，发现自己特别喜爱某学科，把某学科学得很好也是对的，这不叫偏科。你每门学科都学得较好，用不着去"消除"这种状况。

（12）读书具体指读哪些书？

答：现在给中学生推荐了许多公认的好书，有文学的，有科学的，你可以选择其中的书来读。多读公认的好书，多读经受历史考验的好书。不要去"追风"、"追星"，读一时流行的不好的书。中学生要拒读坏书、伪书。

（13）怎样提高学习效率？

答：集中精力，认真学习，这是提高学习效率的前提。对在校的学生而言，当天的功课当天就搞懂，当天的功课当天就复习，这个道理很简单，如趁热打铁，这是提高学习效率的法宝。兴趣盎然，热爱学习，这是提高学习效率的关键。循序渐进，有劳有逸，遵照科学的方法，这是提高学习效率的途径。提高学习效率的关键词是：认真、及时、热爱、科学。

（14）您认为课外知识应泛泛而学，还是专一地学？把某一样钻得很深，还是每一样都有所了解？

答：你提了一个很好的问题。我的回答是，对中学生来说，既要广泛地学，又要专一地学。广泛地学才知道你的兴趣所在，以便选择一门学科较深地钻下去。有的中学生专心地钻一门学科之后，发现自己的长处并不在这一门学科上，又会另作选择。这是很正常的。学习的过程是一个"博→专→博"的过程，要学会选择，较早作出适合你兴趣的选择很重要。"博"与"专"是相互促进的。"博"有利于"专"，"专"有利于"博"。"博"与"专"不是非此即彼，而是亦此亦彼。

（15）您说考试后一定要知道答案，那就是考完试就必须对答案，这样好吗？

答：考试有两大类，一类是形成性的考试，主要是系统检查学得怎么样，以便及时发现问题，及时改进。这一类考试最好是考后就知道答案，趁热打铁、及时反馈；另一类是分类性考试，中考、高考就是这一类考试，主要是分出不同水平，以便选人。这类考试，考完一门后，当然不要去对答案，因为一对答案就会影响情绪。待全部考完后，你如果有兴趣，也是可以对答案的。

（16）我们班有一个同学外语只考了十多分，您认为他应该怎么办？怎样学好数学呢？

答：我对外语差的同学深表同情。上课40分钟，坐在那里却听不懂，几乎没有收获，还必须遵守课堂纪律。我建议：外语分水平上课，自己选择，让外语差的同学总有收获才行。怎样学好数学呢？简要地回答是：循序渐进，读书思考，独立做题，不懂要问。你看看数学成绩好的同学是怎样学好数学的，一定会受到他们的启迪。

（17）我的数学、物理、化学都特别差，但我还是要学理科，因为我怕背书，我应该怎么办？

答：无论学文科还是学理科，都要在一定直接经验的基础上熟读教材，理解知识，做一些练习，巩固所学知识，都不必刻意去背书，人人都怕背书。学习数学、物理、化学，更是要认真做实验，认真看书，认真做练习。久而久之，最基本的原理、定理、法则就能记住和应用了，也可以说"背"下来了！这是在理解的基础上记住的。我相信你能学好。

（18）勤奋学习了一定会有收获吗？为什么有些人学习了却没有成果？

答：中国有句成语叫"开卷有益"。打开书一读，就会有收获。你勤奋学习了，就更会有收获了。这一点是肯定的。你问："为什么有些人学习了却没有成果？"不知你问题中的"成果"是指什么？如果是指学习成绩的提高，我想只要勤奋学习了，有时会较快看到学习成绩提高，有时又需要坚持相当长的时间才能见到成效。总之，或迟或早，都能见成效。如果你问题中的"成果"是指具有原创性的"成果"，这需要终身持续地努力。你要相信这句话："有志者事竟成。"

（19）这是一个需要分象限讨论的问题：英语忘了咋办？我发现我初中时做的卷子现在做居然不如以前了。还有，咋个寻找学习的动力呢？你说的那么多方法，哪个最有效？

答：英语忘了咋办？又记嘛！把一个单词应用在句子里，把一个句型应用在作文里，经常练习，就像记你的名字一样，再也忘不掉了。英语的基础真正打好了，你做初中时的卷子不会不如以前。之所以"居然不如以前"，说明在打好基础上还得下工夫。寻找学习的动力很重要。小的动力是：求得个人在社会上能够生存与发展。大的动力是：尽到自己的社会责任，为国家、为民族、为人类作贡献。我认为，大动力、小动力都需要。你问："那么多方法，哪个最有效？"这因人而异，需要自己去尝试，自己去发现最有效的方法。

（20）怎样才算刻苦学习，我们应刻苦到什么程度？

答：学习提倡刻苦，更提倡乐学。孔子说："知之者不如好之者，好之者不如乐之者。""乐之"地学习是最好的。集中精力学习，控制自己不要过多地娱乐，这种"刻苦"是必要的。至于中国古人曾宣传过的"头悬梁"、"锥刺股"这种"刻苦"的模式，在现代社会就没有必要效法，但这种"精神"不能一概否定。"刻苦"到什么程度,这是因人而异的。对一个人而言,随着年龄的变化,程度也有所不同,但是总的原则仍然是:健康第一。学习不需要损害健康的"刻苦"。身心健康,才可能持续发展。

(21)我希望了解成功认识的心理历程。

答:有的学者专门研究成功学,认为成功者经常要思考三个问题(A,B,D),我增加一个问题(C),即有如下四个问题:

A. 这是唯一的解决办法吗?还有其他解决办法吗?这可以称为选择思维或多路思维。

B. 如果那样去操作?会出现什么样的情况呢?这可以称为前瞻思维或预见思维。

C. 出现这种情况我会感到满意吗?情感上能接受吗?这可以称为直觉思维或情感思维。

D. 别人怎样看这个问题?别人会有怎样的感受?这可以称为换位思维或角色思维。

A是从逻辑上来理解,B是从操作上来认识,C是从情感上来体验,D是从交往上来思考。我曾写有一篇《论思维模式的分类及其应用》的论文,提出思维模式有四大基本类型:逻辑型、操作型、艺术型、交往型。上述四个问题覆盖了四种思维模式,因而我觉得这样思考,相对全面些。

于是,我可以简要地回答你提出的"成功认识的心理历程",至少有四个历程:其一,逻辑思维的历程;其二,具体操作的历程;其三,情感判断的历程;其四,交往传播的历程。我认为,这是成功认识不可缺少的最基本的四个心理历程。我的回答仅是"一家之言"。这是一个复杂的问题,答案会有许多种,请你加以比较。

(22)希望了解让我学得更好的方法。

答:"学得更好的方法"是因人而异的。每一位同学都有强项和弱项。某一方法有力地改进你的弱项,有力地提升了你的强项,这个方法在这时就是你"学得更好的方法"。我给大家提供了一个书面材料《给中学生谈"学会学习"》,讲了学生通用的学习方法和互补整合的学习方法,大家可从中选择使自己"学得更好的方法"。今天，从大家的问卷统计中，得到同学们选出的"学习优秀学生的素质"是：①有自我控制能力（48%）；②有恒心、有毅力（43.3%）；③有上进心（41%）；④不断探索适合自己的学习方法（37.1%）；⑤上课集中注意力，专心听课（36.1%）；⑥独立思考，力求领悟（35%）；⑦有强烈的成功期望（34.5%）；⑧有自信心（32%）；⑨学习有兴趣（32%）；⑩善于拓展知识面（31.4%）。以上10项中，每一位同学选择自己觉得最弱的一项，力求近期加以改进，可以说，这就是使你"学得更好的方法"。请你去试一试，一定会有成效。

6.3.2 有关学会做事，以及提高劳动技能素质的问题

（1）如何培养创造能力？如何使我们自身拥有的创造力得到发挥？

答：打好中学里每一门学科的基础。这个基础包括知识、能力、态度、方法，这就是在培养创造能力。要学会提出好的问题，努力尝试用多种不同的方法去解决问题，这就是创造力在发挥。

（2）我对您说的"如果对艺术和体育方面很擅长，就可以大力发展，不用多在乎学习"不赞同。现在的社会很重视艺术和体育，但如果没有重点大学的文凭，就很难找到好工作。

答：艺术和体育尖子需要早期发现、早期培养，不能错过了最佳发展时期。我认为这是一种较好的选择。有艺术和体育方面的天赋，又不去大力发展，岂不可惜！难道学艺术和体育不是"学习"吗？充分发挥了艺体的才能，以后要转另一个专业也是不困难的。即使要去重点大学攻读新的专业也不难，很多大学都欢迎有艺体特长的学生。

（3）您对现在的高考制度有何看法？

答：现在的高考制度，相对于其他选拔制度还是较为公平、公正、公开的，在选拔人才方面起到了积极作用。否则，人们早就反对和抵制这种高考制度了。但是现在的高考制度又很不完善，有待改革、改进、改善。这是需要全国人民出主意的。我认为应采用全国统一考试和各高校自主招生相结合的方式。既要有统一性，又要有多样性；既要有原则性，又要有灵活性。让学生们和各大学都有更多的选择机会和选择途径，但是"公平、公正、公

开"的原则是不能动摇的。

（4）您说要加强对艺术、体育特长的培养。在小学时我学钢琴并考了八级，但到了中学，由于学习紧张，我放弃了弹钢琴。我是否应该一直把钢琴学完、学好？

答：艺术能培养审美立美的能力，体育有助于增进身心健康，这些对于人的终身发展都是极为重要的。艺术与体育都有助于开发人的智能，有助于发挥人的潜能。你明白了这个道理，就决不会轻易放弃。你的钢琴水平能达到八级，说明你喜欢钢琴，而且水平已经较高，当然应在不影响学业的前提下，继续升级。如果这方面你天赋很高，可能以艺术为职业，那就更应该坚持下去。如果你发现学钢琴只是一般爱好，自己并无特殊才能，当然应以当前的学习为主，就不必刻意去深练钢琴。你还应征求你的老师和家长的意见，听听他们的建议。

（5）关于学习，学某些科作了努力，回报很小，是不是应该尝试其他方法或暂时冷静一下？

答：学习贵在努力，作了努力就好。"回报很小"要具体分析。你是指学习成绩提高得不快，未能"立竿见影"吧。这是自然的，学习成绩的提升有一个过程，坚持努力，总会使成绩上升。你提出"是不是应该尝试其他方法或暂时冷静一下"，能这样提问和思考，说明你善于提问和思考，照此思路去改进，你一定能得到好的回报。

（6）您也赞成不学就没有成就吗？为什么有那么多人不学习却可以有成就？他们的成就是像比尔·盖茨一样玩出来的吗？

答：不学怎么会有成就呢？学习的方式是多种多样的，包括从游戏中学习、从书本上学习、从实践中学习、从合作中学习、从学校中学习、从社会中学习等等。从古至今，找不出一个人如你所说的"不学习却可以有成就"。比尔·盖茨能成为哈佛大学的本科生，说明他中学学习非常好，基础相当牢。他在哈佛大学读书时，还特意去听其他专业的课，例如"经济学史"。他很善于学习。你说他的成就是"玩"出来的也对，他把学习和研究视为"玩"一样，说明他乐学。中国古代有本《三字经》写道："子不学，非所宜。幼不学，老何为。玉不琢，不成器。人不学，不知义。"古代是如此，现在更是如此。不学习就不能生存，不学习就不能发展。把学习视为"玩"，在"玩"中学习，这是学习的高级境界。

（7）怎样把文理科统一起来（寻找共同点）寻求发展，并且在学习中充分发挥自己潜在的动手能力？

答：你提的问题很好，是现在学校教育中尚未解决的问题。从 21 世纪开始，中国进行新课程改革就试图解决这些问题。就学校而言，除了国家统一规定的"课程标准"之外，还应开设多种多样的校本课程，尽量使文科、理科整合起来。同时，还有专门时间开设"综合社会实践"课程，以培养和发挥同学们的实践能力，包括各种操作动手能力。职业技术中学就更应加强学生动手能力的培养。

（8）如果现在偏科了，怎样进行挽救？

答：在学好每门学科的基础上对某一门学科特别喜爱，这不能说是偏科。每个人对学科都会有所偏爱，这是不可避免的。"偏科"常常指完全放弃某些学科，这是不应该的，因为中学里每一学科都是终身发展的基础。

（9）您对现在的中考制度有什么看法？

答：现在的中考制度在朝着公平、公正、公开的方向努力，但尚不完善。书面考试成绩最多可大致看出逻辑认知方面的水平，但看不出动手操作的能力和审美立美的能力，更看不出社会交往的能力。今后会逐渐改进的。改进的方向应是：要在一定程度上看初中三年的学习成绩，也要看统一考试的成绩。选拔普通高中的学生与选拔职业技术中学的学生标准应不同。职业技术中学学生的选拔应更多地看学生的动手操作能力。

（10）要分科了，父母要我自己决定读文科还是理科，而我理科不行，但文科也不见得就佳，我该如何选择呢？依靠成绩、兴趣，还是社会的发展趋势而定呢？

答：要你自己决定读文科还是理科，实在难为你了。如何选择？主要还是取决于你的兴趣。有兴趣，认真学，成绩总会上升的。显然，任何个人兴趣都不可能离开社会发展的需要，个人兴趣和社会需要两者应兼顾。你说你

"理科不行，文科也不见得就佳"，这可能不符合实际，是你对自己要求太高了。要自信，不要悲观。

（11）现在我们学的所有科目都要学好，但读大学后总要选择自己喜爱的专业，那么您对这些有什么看法？

答：中学里将人类积累的知识分为许多学科，这是为了便于教和学。在实际生活中要解决某一问题常常是综合性的，许多学科的知识都要用到。中学教育正是为了对不同的学科都打好基础，现在世界上许多著名大学前两年也并不分专业，而是继续在多方面打好基础，到大学高年级才分专业，这样有利于学生选择真正喜爱、真正能充分发挥自己的潜能的专业。打好各学科的基础与选择一门专业是相辅相成、相互促进的。你同意这种看法吧？

（12）我不同意您开始说的参加竞赛会影响学习，我觉得参加了竞赛不仅不会影响学习，还会促进其他学科的学习。

答：你在每门学科都能学得较好的基础上，对某一门学科特别有兴趣，因而学得更好，就可以适当参加学科竞赛。我是说不必参加过多的学科竞赛而影响了正常的学习，我是说不必鼓励所有的同学都去参加学科竞赛。对学习成绩一般的同学，更不必在一门学科上"孤注一掷"，因为中学阶段的主要任务是为各学科打下良好的基础。为了竞赛，单科独进，并不是科学的学习方法。

（13）怎样找学习目标？找到了目标却变成不学习的动力怎么办？

答：你把这两个问题联系在一起，很独特。一般说来，找学习目标，有近期目标和远期目标。近期目标较为明显，就是学好当前你所学的各门功课；远期目标有较大的不确定性，应该在学习过程中逐渐去确定。找到目标，就制订计划，就认真实施，去达到目标。怎么会变成"不学习的动力"呢？我想你的意思是找到学习某一项目的目标，于是就想放弃当前其他学科的学习。这是不恰当的。

（14）我现在努力学习自己学得较差的一门学科，成绩上升了，可其他科，连我的强项成绩都下降了，怎么办？

答："扬长避短"和"用长补短"是两种不同的选择。在中学阶段，我认为选择"用长补短"较好。你去努力学习自己学得较差的一门学科，这很好，从长远看，并不会影响你的强项。你应适当分配时间，使弱项得到提升，强项又不下降，这是可能的。

（15）在成功的道路上，是否要把握住机会表现自己？初中学生是否从现在开始就要进入社会实践？

答：你很有远见。从学校毕业后，就要直接进入社会找工作、求发展，所以在学校里就要培养自己把握机会的能力，正确地表现自己，善于与人交往，培养组织才能、策划才能、领导才能。学校是社会的一部分，在学校里就要学习社会实践，这是当前学校课程改革的重要组成部分之一。我希望所有的同学都要有你这样的远见。

（16）上帝总是公平的，他给每个人每天都只有 24 小时，其中学习的时间更是有限，于是我尝试着 stay up（熬夜）。您认为怎么样？您认为对于高中学生来说晚上几点睡觉为佳？

答：你很幽默、风趣，这很好。幽默是一种智慧。你既然是有智慧的人，就用不着去"违反自然规律"，与"老天"对着干。白天，"上帝"叫你学习和工作；晚上，"上帝"叫你休息和睡眠。一般情况下，不要去熬夜。每天要保证有 8 小时高质量的睡眠，晚上十点半以前入睡为佳。Every time you stay up all night, you are taken ill the next day.

（17）您认为是应当发展自己的特长爱好，还是全方面地学习？但是有的时候，不关自己特长的东西，就是提不起兴趣，这怎么办？

答：对中学生来说，应当是在全方面学习的基础之上发展自己的特长爱好。往往这个特长爱好并不是你终身的特长爱好，而只是一时的特长爱好，不要过于痴心了。不关你特长的东西也不要一概排斥，说不定以后却成为你的专业了！

（18）请问：怎样处理好特长发展的时间和学习的时间？特别是面对高中紧张的学习生活。

答：对大多数高中学生而言，要把国家规定的必修课学好，已经是需要相当的努力了，几乎要占去 80% 的学习时间。此外，还有一些选修课又要占去 15％左右的学习时间。剩下能发挥特长爱好的时间仅有 5％左右。对于少数高中生，特别是在"艺术"、"体育"方面有相当突出的特长的高中生，我认为可以用 20％左右的时间，甚至更多时间去发展特长，这不仅不会影响升学，可能还会有独特的优势。这只是适合少数学生，大家不要都去追"艺体"的特长。都有这特长了，就都没有特长了。只有少数人在"艺体"方面可达到专业水平。

（19）我们未来到底应做什么？

答：社会需要你做什么？你自己能够做什么？把对这两个问题的回答结合起来，你就可以作出一种明智的选择，选择你到底做什么！这个回答可能你不满意，认为太"抽象"了。是的，正因为抽象，才有应用的普遍性。一个具有创新能力的人，正是选择"社会需要的"、"自己可能做的"、"别人尚不能做或别人尚不能做好的"这三个"集合"的"交"，从而确定自己到底做什么！这就有可能成为有原创性的、对社会作出重大贡献的杰出人才。这个回答也可能你不满意，认为太"数学"了。是的，正因为太"数学"了，才有一定的深刻性。

例如陈景润在读中学时，知道数学是社会需要的，他又十分乐于攻读数学，同时，他从老师那里又知道了"哥德巴赫猜想"这个数学问题别人还没有解决。于是，他就选择上述三个"集合"的"交"。明确了他到底应做什么。陈景润经过终身努力，终于在世界上取得"哥德巴赫猜想"的最好结果，但是这个问题至今尚未完全解决。

又如爱因斯坦在读大学时，知道物理学是对社会发展有重要意义的学科；他乐于在实验室做实验，并且聚精会神地攻读牛顿的《自然哲学的数学原理》和麦克斯韦的《电磁通论》；许多科学家从新的实验结果和对经典著作的分析中，发现牛顿的"力学原理"与麦克斯韦的"电磁理论"不相容，有矛盾。于是，爱因斯坦就选择上述三个"集合"的"交"，明确了他到底应做什么。爱因斯坦经过 10 年的"沉思"，终于将牛顿力学与麦克斯韦的电磁理论统一起来，创立了狭义相对论。2005 年是爱因斯坦创立"狭义相对论"100 周年，联合国召开大会，将 2005 年定名为"国际物理年"，以纪念爱因斯坦在 1905 年的伟大发现和创造。

未来到底应做什么？你从我列举的上述两个实例，或许可以领悟我的"抽象"回答和"数学"回答是非常有意义的。

（20）21 世纪最需要哪些方面的人才？

答：社会的分工越来越细，职业的门类也越来越多，就业的机会也会越来越多。从总体看，人类社会在走向信息时代，因而与信息科学、信息技术、信息产业相关的职业会需要较多的人才；涉及电子科学、电子技术、电子产业，以及计算机的硬件和软件方面的人才需要量会较大；有关人们生活的衣、食、住、行、玩（旅游与休闲等）的行业，当然会需要许多人才；21世纪将是科学文化与人文文化走向融合的时代，从事与人文科学、人文技术、人文产业相关的职业，也会需要不少人才；有些新的行业，如航天航空、生物技术、国际贸易等，也会吸引不少人才。从古至今，人类不可缺少的职业，如工人、农民、士兵、教师、医生、律师、商人等等，这些职业都需要与 21 世纪发展相适应的人才。每个学生提前做好选择职业的思想准备是很有必要的。

（21）如何根据自己的现状选择大学与专业？如何调整学习压力过大时的心态？

答：你自己的现状自己最清楚。选择大学与专业当然应当由你决定。你多多征求家长、教师、同学、朋友的意见也是有益的，但是最终还是由你自己作选择。

学习需要有适当的压力，但是这个压力又不能过大。什么叫"过大"？你烦躁不安，睡不好觉；你焦虑苦恼，体重突降；你生气发气，常常吵架；你闷闷不乐，忧郁寡言等等。这种因学习压力过大而造成的消极心态，既不利于你的健康，也不利于你的学习。如何调整心态？每天要定时去做做自己喜爱的运动，要适当参加有益的活动，如唱歌、听音乐、郊游、谈心等等。在生活中，要有笑声，有快乐，有自信，有希望。有健康的身心，才会有高效的学习。

（22）什么时候出国留学最好？出国要走怎样的道路？

答：总体来说，在国内读了本科之后，到国外去攻读"科学技术"、"国际贸易"、"国际关系"等专业的研究生较好。每一个学生的家庭背景、个人状况差异很大。"什么时候出国留学最好？"不可能一概而论。当然，出国留学付出的成本很高，只有少数学生能出国留学。你一定要充分地知彼知己，充分了解留学所在国的状况，充分了解打算留学的学校、教师和专业的状况之后，再做出决定。要知道，大多数专业国内的水平与国外相差不多，就没有必要去留学。

"出国要走怎样的道路？"这个问题我曾经作过一点研究，我将中国20世纪出国留学取得成功的人才概括为五种模式：其一，"周恩来模式"。这一留学模式的特点是：寻求真理，变革现实。其二，"钱学森模式"。这一留学模式的特点是：学成回国，贡献卓越。其三，"杨振宁模式"。这一留学模式的特点是：融合中西，促进发展。其四，"蔡元培模式"。这一留学模式的特点是：几出几回，培养人才。其五，"李四光模式"。这一留学模式的特点是：学术成功，回国赴任。你选择上述五种留学模式中的哪一种都是正确的道路。当然，你还可以创造出新的模式，走出新的道路，但是成功的留学道路一定是为祖国人民作贡献，为人类幸福谋发展的。在这一过程中，个人自身的价值也得到了实现。

6.3.3 有关学会共同生活，以及提高身体心理素质的问题

（1）少量喝酒可以活血、暖身，为什么青少年不能喝酒？

答：未成年人不准喝酒，因为喝酒有害于未成年人的健康。许多国家将未成年人不准喝酒写进了法律。生活在社会中，人人都要遵守法律。成年人饮酒后不能开车，这也是明文规定的。也就是说开车之前，不准饮酒。这些法律规定都是为了所有人的健康和安全。大家要自觉遵守。

（2）现在学生着重于全面发展，怎样才能更好地分配和支配时间呢？

答：不要"随机"地安排时间。只要有计划地安排时间，不恰当之处就加以改进，持之以恒，就能更好地分配和支配时间。

（3）大型考试前应有什么状态？

答：生理上应保持健康的状态，尽量避免生病；心理上应保持平静的状

态，切莫烦躁不安；伦理上应保持友善的状态，尊敬师长，团结同学，千万不要投机取巧或嫉妒他人。我以为这三方面都很重要。

（4）如何最终达到自己的目标？对于途中的挫折应该如何面对？

答："失败是成功之母"，挫折是胜利的先导。事物的发展总是波浪式前进的。送你一句李白的诗："受屈不改心，然后知君子。"

（5）孔子曾曰："三人行，必有我师焉。择其善者而从之，其不善者而改之。"但在社会的激烈竞争中，我们应对"别人为了竞争而不向你传教优点"的做法持什么态度呢？

答："学会共同生活"很重要。同学之间主要应是合作与互助，不是竞争。在学校也存在一些友好的竞赛，不能把个人利益看得过重。"别人为了竞争而不向你传教优点"没有什么关系。"君子坦荡荡"，不必计较。难道不能从其他人那里得知优点吗？你的优点，你不保守，乐于与别人交流分享，自然就会得到更多同学的帮助，将心比心，以心换心。

（6）智商不能决定一切吗？

答：对！智商不能决定一切，甚至不能完整地决定智能的高低。智商的测试从1900年开始，已有一百多年的历史。它一般是从测试人的反应的快慢来测评人的智能，只测试了智能的一个方面，有点参考价值，但不能"以点带面"。现在，科学界、教育界公认的智能不是一元的，而是多元的。智商的测试甚至不可能测量出智能的高低。人的智能是复杂的，受多种因素的影响，不是由单项测试所能决定的。

（7）情绪与学习有关，怎样能使情绪不影响学习，学习不影响情绪？

答：你提的问题非常好。我为你能提出这样深刻的问题而感到高兴。你的认知决定你的情绪，你的情绪影响你的学习。一定要有科学的认知；一定要看到自己的长处，增强自信心；一定要克服悲观想法，不要怕失败。许多学生都是考高分，情绪好；考低分，情绪低。要认识到分数高低是相对的，不必计较分数；只要认真学习了，就必有好收获。生活中会出现许多意想不到的事，会影响情绪。十分重要的是：保持和发扬乐观情绪，克服和转化悲观情绪。青城山有一副对联："事在人为休言万般都是命，境由心造退后一步自然宽。"时常想到这一对联，可以使你的情绪好转。

（8）有健康的身体和良好的学业就能有发展的大潜力吗？

答：这是显然的。有健康的身体和心理，人才可能持续发展；有良好的学业，主要在于学会了如何学习，人才可能持续地发展。能够持续发展，或早或迟就能把人的潜力充分发挥出来。毛泽东说："健康第一，学习第二。"第一、第二都有了，潜力就能得到大的发展。

（9）我虽然找到了适合自己的学习方法，但有时却坚持不下去，或者有时集中不了精力，该怎么办？

答：你找到了适合自己的学习方法，这很好。为什么"有时坚持不下去"？为什么"有时集中不了精力"？我建议：首先，要劳逸结合，集中精力学习40分钟左右，就应适当放松10分钟，听听音乐，看看远处，走走跳跳，然后再学习，不同学科应交叉安排；其次，改善学习环境，避免太大干扰；第三，还应进一步探索更加适合自己的更为有效的学习方法。

（10）我每天不断地学习，可还是不如其他同学，我不知道这是为什么。老师有什么好的建议？

答：你每天都认真学习了，就会有进步，这就很好。没有必要将心思用在与其他同学比较上。不能只看书面的考试成绩，就认定自己不如其他同学。你要看到其他同学的优点，向他们学习；同时，也要看到自己的优点，增强自信心。其他同学有进步，千万别嫉妒；其他同学一时有退步，千万别瞧不起。

（11）当我学不进去某一学科时，我该怎么办？虽然那是我曾经最爱的一个学科，也是我学得最好的一个学科？

答：为什么你学不进去？一定要作认真分析。既然这是你曾经最爱的也是学得最好的一个学科，那你就应该有充分信心学进去、学好它。你现在学不进去了，一定不是这一学科的原因，而是这一学科之外的原因。你得先找准原因，然后针对原因，加以改进。

（12）怎样培养学习兴趣？如何保持好奇心？

答：对一门学科，你有许多不理解的问题，你希望得到这些问题的解答，就会对它有兴趣，就会对有助于解答这些问题的人和事保持好奇心。对某一学科，你在学习中确定出一个目标，制订出计划，投入精力去执行计划，经过动态调整，你达到了目标，有了成功的喜悦，这会促进你对这一学科的兴趣，对这一学科的各种现象和问题产生持续的好奇心。此外，多读读这一学科的杰出人物的传记，例如学习物理学，读读牛顿、爱因斯坦、居里夫人的传记，这也有助于培养学习兴趣和保持好奇心。

（13）对于学习我已经努力了，但还是没有进步，能告诉我这是为什么吗？

答：你努力学习了，肯定会有进步。你认为"还是没有进步"，我不知道你的标准是什么？我估计你是指考试成绩。每次考试都有一定的随机性，不可能以前后两次考试成绩来判断是否进步。我认为：贵在努力。不要把心思过多用在关注分数上。

（14）我对一项特长很感兴趣，而且很有天赋，但家长不准，只让我好好学习，因此我很郁闷！很伤心！怎么办？

答：我想你所说的"一项特长"，可能是指艺术特长或体育特长。你很有天赋，又很感兴趣，可是家长不准，你很郁闷和伤心。我认为你应该做好家长的工作，并在你的这项特长上真正做出显著的成绩，这样家长是会同意的。如果这项特长只是相对的，并非十分优异，当前的任务还是应该选择好好学习。无论怎样，你都不能郁闷、伤心。郁闷和伤心，损害了你的健康，特长也难发挥了。

（15）怎么样可以在保证充足睡眠的情况下做好作业、看参考书等等，时间咋够用？

答：看书就认真看书，做作业就认真做作业，抓紧时间，合理安排，时间是够用的。中学生要保证8小时高质量的睡眠，睡就安心去睡，不要东想西想。

（16）如果说您的某一科成绩很不好，恰好教那一门功课的老师就是您的班主任，您怎样去与他（她）沟通？

答：班主任所教的这一科，你的成绩很不好，你不要先入为主地认为班主任会不喜欢你。相反，班主任会更关心你这一科的学习。你应该将不懂的问题记下来，安排时间与班主任一对一地交流。你能提出不懂的问题，班主任会非常喜欢你。他（她）会有针对性地帮助你解决问题，多交流几次，你的成绩就会明显提高。我当过班主任，班主任希望每个学生都能学好。只要努力，多多交流，你就会有进步。

（17）由于年纪小，所以体育考试总不及格，我觉得这样不公平，您的看法呢？

答：你的看法有一定道理。过去体育考试有一定项目，每一项目有一定指标。这对于一定年龄的学生有一定合理性。你的年纪太小，有的指标达不到，你觉得不公平，你可以给老师讲。教育有一条原则是因材施教，考试也就应因材施考。体育考试的改革，会更多考学生自己喜爱的项目，而不必面面俱到。你的游泳好，可选游泳作为体育考试项目；你的体操好，可选体操作为考试项目。你在体育上总应该有些项目较好才行。

（18）我这次数学考得很差，我的爸爸现在看到我就非要喊我去看书不可，让我休息不成，弄得我很烦，看到书就讨厌，又不好不看，咋办？

答：你爸爸的心是好的，但是方法并不好。你不要心烦，更不应"看到书就讨厌"。看书与休息要轮流进行。这与上课的安排一样，认真看书40分钟，就要休息10分钟。有时你真正看进去了，不知不觉就过了1小时。

（19）当家长与孩子之间发生关于学习的冲突的时候，该怎么办？如家长周末希望你去补课，而你又不愿意。

答：家长与孩子之间发生"关于学习的冲突"，对家长而言，要尊重孩子的选择；对孩子而言，要理解家长的愿望。你们要力争取得共同点，要相互妥协，共谋发展。

（20）我的数学成绩一直很好，但自从发生了两件不令我高兴的事之后，我的数学成绩就一落千丈。如何才能提高我的数学成绩？

答：发生了两件不令你高兴的事之后，你的数学成绩就一落千丈。我想，这是你的情绪问题。你完全不必过分在意这两件不令你高兴的事。你应该学会忽略不计这两件事。将这两件事大事化小，小事化了，不了了之。我曾经写过一首题为《记忆和忘却》的小诗："我能记忆，但更多是忘却。忘却一切无意义、不愉快的东西，剩下的就是智慧和快乐。"请你忘却这两件令你不高兴的事，剩下的就是数学成绩迅速回升，不再大起大落。

（21）怎样制止不良情感的发泄？

答：你从理智上要认识到不良情感的危害性；你从行为上要预见到不良情感的严重后果；你从情感上要体验到不良情感的丑陋；你从交往上要感受到不良情感对他人的伤害。上述四个方面：理智上、行为上、情感上、交往上都否定了不良情感，这样你就肯定会制止不良情感的发泄。对不良情感不要有丝毫宽容，否则要犯大错，甚至犯罪，后果不堪设想。

（22）如何克服悲观情绪，进入最佳学习状态？怎样才能不受外界干扰或排遣内心干扰而专心学习？

答：你有悲观情绪，要克服它，排遣它。这需要具体地分析，是什么引起你的悲观情绪？是什么造成你学习的内外干扰？不是两三句话可以解决这些问题的。从大的方面泛泛回答，可以说：你要多想使你乐观的人和事，你要把精力集中在思考学习的问题上。进一步可以这样回答：你要从理智上认识悲观情绪和各种干扰非常不利于你的生活与学习；你要从行动上远离悲观情绪和各种干扰；你要从情感上看到自己的长处，增强自信；你要从与老师、同学的交往中体会到友情的力量，以乐观向上，积极有为的同学为榜样，虚心向他们学习。这样，你就会渐渐地快乐起来，渐渐地大度起来，会看到希望，会看到成功。

6.3.4　有关学会做人，以及提高思想道德素质的问题

（1）在未来社会中，人才应具备什么能力？

答：未来社会的人才应当具备逻辑思维的能力、动手操作的能力、艺术审美的能力、社会交往的能力。我认为这四种能力都是不可或缺的，这四种能力的综合就是创新能力。

（2）人们可以根据自己的经验常识作出自以为正确的估计，但有可能会成为一种"自我设陷"。请问我们怎样才能正确地评价自己？

答：孙子说："知彼知己。"知彼在先，知己在后。要正确地知道和评价

别人，才可能正确地知道和评价自己。"知彼知己"，可以帮助你克服"自以为是"，从而避开"自我设陷"。所以，首先要学会正确地评价别人，特别是要看到别人的长处，然后才可能正确评价自己。对自己也要看到长处，克服短处。

（3）请问老师，我们普遍认为现在的知识学来基本上对以后没有用，除了英语等学科的知识，很多高中学的知识根本没有用，有的人说到初一、初二学的东西基本就够了，为什么我们不能学习更多有用的实际的知识？我们就算高考考得好，考个好大学，毕业后说不定还是庸才，教育制度纯属应试教育，您是怎样看的？

答：你说"高中学的知识根本没有用"，这个看法是错误的。我们所学的知识有的是直接应用，有的是间接应用，都是有用的。世界各国高中课本关于自然科学的部分都是基本相同的，关于人文社会科学的部分也有许多一致。你想"学习更多有用的实际的知识"，这个想法是对的。你是想提前学习更多的职业技能。今后，我国的高中将有一半是职业技术类，并能直接升入高等职业技术学院。你批评现今的教育制度纯属应试教育，这有些偏激。我认为，教育是为了全面提高人的素质，这是现今教育的主流。有些学校为了升学采用了一些不科学的方法，如"题海战术"、"死记硬背"，这不好，要逐渐改革，但这不是现今教育的全部。你们要看主流，要看整体。

（4）到高中开始分理科和文科时，一般应选文科还是理科？

答：我不赞成高中分理科和文科，但是为了在升学时取得较好成绩，许多学校从高中二年级开始分了理科和文科，你不得不接受这个现实。我劝选理科的同学，在选修课上多选文科；我劝选文科的同学，在选修课上多选理科。这样不仅有利于打好基础，从长远看，对升学考试也是有好处的。文、理原本是相通的，理可促文，文可促理，不要将文、理视为对立的两个极端。

（5）既然您已经觉得中国教育出现了弊端，您又为什么不出来独领一面大旗呢？比如说出书针砭教育的弊端等，现在中学生认为只有你们这些人才是救星，或许您还是怕枪打出头鸟？

答：我在报告中讲到了：在小学和初中阶段过多地强调学科竞赛，不利于全体学生和谐发展；在高中阶段过早地分理科和文科，不利于学生的终身发展。教育的理想和教育的现实之间有一些差距，这是客观存在的"弊端"。什么叫"过多"？什么叫"过早"？什么叫"差距"？这些分寸很难把握。这不是一个人"独领一面大旗"一呐喊就能解决的问题，这需要全社会的所有人提高认识，才可能逐渐解决。我并不怕"枪打出头鸟"，所以我们将这些看法写在书中，并在电视节目上评述，给在学校里的师生们作报告。我的看法也不一定就正确，我随时在听取不同的看法，随时在听取别人的批评。个人总是渺小的，群众才是伟大的。

（6）如果不想学习，但又怕以后没出息，怎样去克服这种不想学习的想法呢？

答：你知道："不学习，以后就没出息。"这就会有学习的动力。当然，这还不够。学习不仅关系到今后有没有出息，学习是每一个人的社会责任。对自己负责，需要学习；对家庭负责，需要学习；对别人负责，需要学习；对国家负责，需要学习；对民族负责，需要学习；对人类负责，需要学习。深入地认识这些道理，你就会克服"不想学习"的想法。

（7）老师，报纸上说吸烟、喝酒能抗"非典"，对吗？

答：孟子说："尽信书，不如无书。"可以相似地说："尽信报，不如无报。"世界各国都重视"新闻自由"，合理合法。但有人在"自由"的旗号下，乱写乱说，人们不能完全相信书上写的、报上说的，要独立思考，独立判断，千万不要人云亦云。什么药物可以抗"非典"？这是医学的前沿问题。我们要听医生的看法，不要信报上登的"小道消息"。

（8）通过多种途径获得答案，那么手法上肯定各不相同，如果有不正当的手段，该如何制止？

答：你是巧妙地提出了一个考试诚信的问题。考试采用"不正当的手段"获得答案，称之为"作弊"。这肯定既不利于自己，又不利于别人，是害己害人的事，千万做不得。如何制止这些不好的行为呢？首先，从我做起，坚持诚信，决不作弊；其次，善意地启发作弊的同学，让他知道，这是害己害人的事；最后，全班制定公约，让群众舆论来约束。

（9）参加竞赛，在其中花费大量时间没有意义吗？把它当作大学的敲门砖不行吗？我觉得我现在已经有好几科不行，但我觉得我拼命去突击一科，还是有希望进名牌大学的，对吗？

答：中学阶段的学习是为终身发展打下良好基础。学得较好的学生，适当参加一门学科的竞赛是可以的，以发挥自己学习的潜能。把参加竞赛当做"大学的敲门砖"，"拼命突击一科"并不是好的想法和做法。你"好几科不行"，"拼命突击一科"并不是好的选择，也难以达到考进名牌大学的目的。你首先要心态安宁，不要浮躁。要知道，几科不行，只突一科，就是读了大学，也很难毕业；就是大学毕业了也很难有创造。在有了好的心态的前提下，你要努力打好自己的学习基础，在中学里打好基础太重要了！

（10）中学生怎样才能成为才子？

答：现在一般不用"才子"这个词，而用"人才"这个词。人才又分三个层次：合格人才、专门人才、杰出人才。基础教育是培养合格人才，是指培养德、智、体、美、劳都得到和谐发展的人；职业技术院校和各类大学是培养有一技之长的专门人才。对社会有重大贡献和创新的人才，称为杰出人才。中学阶段是使自己成为德、智、体、美、劳和谐发展的合格人才。

（11）不必去看别人有多好，把自己该干的事干好就行了。这是真的吗？

答：在中学里要"学会学习，学会做事，学会共同生活，学会做人"，要在德、智、体、美、劳多方面得到和谐发展，要干的事太多了。因此，把自己该干的事干好就很不容易了。我说"不必在意别人有多好"，要使自己心态平衡。别人很好，不必嫉妒；别人不好，不必嘲笑。应该保持一个平常、平等、平凡的心态。你能看到别人有多好，就虚心向别人学习，这当然是很好的。

（12）您觉得中国现在的教育考试制度像不像明朝时的八股取士？

答：时代在进步，社会在发展，人的素质在不断提高，这是大趋势。中国现在的教育考试制度总体上说是公正、公平、公开的，但尚不完善，需要改进。当然并不是明朝时的八股取士。就是过去的八股取士，也比任人唯亲、独断专行好些。

（13）您对现在青少年吸烟、饮酒有什么预防方法？

答：首先，要对青少年进行有效的健康教育，使他们懂得要关爱生命，远离各种毒品，烟、酒不利于青少年的身心健康；其次，家长、教师要做出榜样，身教重于言教；再次，社会上要形成强大的一致舆论，禁止青少年吸烟、饮酒；最后，教育要晓之以理，动之以情，还要导之以行，优化环境。

（14）请问国内外教育体系发展的趋势是什么？矛头指向哪里？是指向作业吗？

答：国际上公认的教育理念是"国际理解，回归生活，关爱自然，教育民主"，提倡"学会学习，学会做事，学会共同生活，学会做人"。国内的教育提倡全面提高学生的素质，包括思想道德素质、文化科学素质、劳动技能素质、身体心理素质，即是要使培养的人在德、智、体、美、劳多方面都要得到和谐发展。这就是国内外教育发展的趋势。这都是很"宏观"的。你问是"指向作业吗"？这是很"微观"的。作业改革的方向，也要符合这些大趋势。

（15）您认为国内学生去外国留学有意义吗？

答：中国是发展中国家，科学技术相对落后。一些大学本科生毕业后，选择到发达国家学习"科学"、"技术"、"商贸"、"管理"等研究生水平的专业有较大的意义，但到外国读一般大学本科意义不大。实践证明，"小留学生"并不很成功，投入大，风险大，收效低。

（16）在与同学交往中，与异性深交是不是件好事？

答：中学阶段同学之间的友谊是单纯的、真诚的、健康的，常常是终身难忘的，但是在与同学的交往中都应保持"健康的距离"，应该与异性同学交往，但是最好不要"深交"。你说的"深交"，就接近"早恋"了，要控制自己的情感。同学就是同学，现在不能是"恋人"。虽然成年后可能发展成为伴侣，中学时代应该本着对自己、对别人负责的态度，与同学交往要保持"健康的距离"。

（17）为什么家长总对我说"打你是为你好，黄荆条子出好人"？

答：你的家长的这个说法在过去或许"合情合理"，但现在这个说法不仅不合情、不合理，而且从全球眼光看，这也"不合法"。这个错误的看法要改过来。社会舆论要坚决反对。今后中国可能会正式立法，严禁家长体罚孩子。立法就要执法，"黄荆条子"也要守法。

（18）现在耍朋友会不会影响学习？

答：你所说的"耍朋友"就是"早恋"。你问会不会影响学习？回答是肯定的：不仅影响你的学习，而且影响你的生活。中学生应该保持同学纯真的友谊，不要过早地"偷吃禁果"，要有社会责任感、家庭责任感、个人责任感。中学生过早恋爱，只会带来苦恼。成年后正常恋爱才会有真正的幸福。你如果从物理、生理、心理、伦理、哲理五个道理去认识"早恋"的害处，就会成功地控制自己的感情。有一句名言："一个人能够控制自己，就比想象的更为自由。"请你深刻理解这句名言的内涵。

（19）怎样才算优秀的中学生？

答：怎样才算优秀的中学生？最简单的回答是：在德、智、体、美、劳几方面得到和谐发展的中学生，就是优秀的中学生。在具体评价时，中学生会有自己的看法。成都七中实验学校高 2007 级 194 位学生在回答"优秀学生的素质"时，从 40 条素质中，选出如下 10 条，统计结果如下：①心胸宽广，为人大度（65.5%）；②诚实（49.5%）；③富有创新精神（47%）；④与同学关系融洽（38.1%）；⑤兴趣多样，爱好广泛（36.1%）；⑥有较强的自觉性（35%）；⑦劳逸结合（34%）；⑧对人有礼貌（33.5%）；⑨关心国家大事和国际时事（33%）；⑩性格开朗（32.5%）。从高中一年级学生选出的这 10 条看，同学们把学会做人，有较高的思想道德素质看得最为重要。说明评价优秀学生应是将思想道德素质放在首位，这是对的。

（20）我们应该做一个什么样的人？

答：应该做一个什么样的人？每个人自己都可以作出明智的选择。这个问题很复杂，但我也可以作简要回答。有四种选择：①高尚的人，舍己为人；②聪明的人，利己利人；③卑鄙的人，为己损人；④愚蠢的人，害己害人。我希望每一位中学生在日常生活的一言一行中，选择做"聪明的人"和"高尚的人"；无论如何都不要选择做"卑鄙的人"和"愚蠢的人"。这四种选择，值得深思。

（21）找不到真实的自我怎么办？

答：法国哲学家笛卡儿有一句名言："我思故我在。"从字面上可以理解为我在思考，因而我就知道我存在，是一个真实的自我。"找不到真实的自我怎么办？"对这个问题的回答是：多思考有意义的问题，要学思结合。孔子说："学而不思则罔，思而不学则殆。"要在学习中思考，要在思考中学习。这样你就会十分充实，从而找到一个真实的自我。

（22）世界到底是什么？人为什么而活着？以后我可以干什么？

答：人们对世界的总体看法，称为世界观；对人生的总体看法，称为人生观；对什么是最有价值的总体看法，称为价值观。"世界到底是什么？""人为什么而活着？""以后我可以干什么？"这三个问题太大了！就是说一个人应当选择和确立什么样的世界观、人生观、价值观。整个小学和中学都是为了让学生树立"辩证唯物"的世界观，"为人民服务"的人生观，"为社会作贡献"的价值观。形成这"三观"是一个漫长的过程，而且会有曲折、挫折。但是，在高中阶段是一个人形成正确的、科学的世界观、人生观、价值观最为关键的时期，所以每一位中学生都应认真学好每一门必修课，因为每一门必修课都有利于同学们树立正确的科学的世界观、人生观、价值观。

6.4　回答大学生提出的问题（K18）

2003 年 9 月 7 日，作者为四川师范大学艺术学院的新生作了题为《求学与做人》的演讲，有二十几位同学当场口头提问，作者一一做了回答。9月 8 日又为公共管理学院、人力资源管理学院、政教学院、计算机科学学院的新生作了同一个题目的演讲。演讲的提纲是一个，但两次讲的具体内容大部分不一样。9 月 8 日，同学们书面写了 70 多个问题，作者当场做了回答。后来发现还有几个问题未在教室里回答，就整理演讲提纲以及问题与回答，打印出来，供同学们参考。由于是同学们现场提问，作者现场作答，有一些问题类同，但作者尽量避免重复。

6.4.1　演讲提纲

引言　我的演讲力求做到

● 以我的全部智慧来演讲

● 我设想全人类都在倾听

● 让每位同学终身都难忘

一　大学生活是人生最幸福的岁月

● 大学四大：大师、大德、大爱、大气。

● 四大支柱：学会学习、学会做事、学会生活、学会做人。

● 四大素质：思想道德素质、文化科学素质、劳动技能素质、身体心理素质。

二　从最近三年高考的作文题谈起

● 2001年：请以"诚信"为话题，写一篇作文。

● 2002年：请以"心灵的选择"为话题，写一篇作文。

● 2003年：请就"感情亲疏和对事物的认知"这一话题写一篇文章。

三年高考作文题都重在"学会做人"。

三　在当代社会，大学生"求学与做人"的重要标准是"自觉诚信"

● "诚信"才可能使你得到持续发展。

● "诚信"是最经济、最有效的决策。

● "诚信"才可能得到真正的友谊。

四　在当代社会，大学生"求学与做人"的重要方法是"学会选择"

● 信息太多、太杂，必须善于选择。

● 学会选择才可能降低"机会成本"。

● 既可以选择"扬长避短"，也可以选择"用长补短"。

五　在当代社会，大学生"求学与做人"的重要过程是整合"感情和理性"

● 用"理性"去驾驭和超越"感情"；用"感情"去驾驭和超越"理

性"。

● 对学习要有"感情":"知之者不如好之者,好之者不如乐之者。"
(《论语·雍也篇第六》)

● "做人"的理性原则:"己欲立而立人,己欲达而达人。"(《论语·雍
也篇第六》)意思是:你自己想生存,也帮助别人生存;你自己想发
展,也帮助别人发展。

西方"做人"的"金科玉律":你喜欢别人怎样对待你,你就怎样对待
别人。"Do to others as you would have them do to you."

六 我对大学生"求学与做人"的6条建议

1. 要写"学习日记",不断提高语文水平;"健康第一",每天锻炼。

2. 要努力学好数学、英语;重视参加社会实践。

3. 要精读"经典著作",并要做笔记;教材要提前通读。

4. 要多多听讲座,要有自己的论文;要学会将作业转化为论文、作品。

5. 要给自己写座右铭、格言或忠告,自我勉励。

6. 要循序渐进地学习,要认真主动参与教学。

● 专心听课,做好笔记;及时复习,认真做题。

● 独立思考,要下苦功;不懂要问,直到真懂。

● 认真实践,细心大胆;动脑动手,追究根源。

● 每章学完,系统复习;学会总结,掌握联系。

● 不怕困难,反复钻研;败不自卑,胜不自满。

● 循序渐进,由浅入深;不要急躁,不要停顿。

读 书

读书,读书,读书,
每周都要读本好书。
精读一本公认的好书,
会给你终身带来幸福。

读书变成一种沉重负担，
感到痛苦，就不如不读。
读书是真正的精神享受，
"读进去"智慧炼成珍珠。

读好书贵在反复反复，
要探其心和究其物，
要知其然和所以然，
贵在向深处纵横发掘。

每本书都有内在不足，
尽信此书，不如无书。
当你读了百本、千本，
那就该你写出一本好书。

忠　告

保持心灵平静，超越自我中心。
坚持锻炼身体，情绪健康稳定。

解除各种压抑，保持好奇之心。
同学友好相处，珍惜人生缘分。

集中精力学习，摆脱纠缠是非。
宽容相容包容，不恐不怒不悲。

设身处地着想，将心比己思考。
平等平常平凡，不卑不躁不傲。

信息需要选择，并非愈多愈好。

不要贪多求快，少些反而更妙。

打好基础重要，学业步步提高。

如欲有所飞跃，关键在于创造。

2003 年 9 月 7 日

写于四川师大东区

6.4.2　问题与回答

（1）上政治课听不懂怎么办？

答：先预习教材，看什么地方不懂；然后有针对性地听课；仍然不懂，就要问老师或同学。

（2）理科生怎么学好政治、历史？

答：专心听课，做好笔记，记下关键词句；及时复习教材，同学之间要多多开展讨论。从讨论和争论中学，可以加深对政治、历史的理解。

（3）大一如何把握、实现高中到大学的转折，使四年大学生活充实、高效？

答：高中教师讲解较详细；大学教师主要是精讲，需要大学生学会自学。多读好书，就会充实、高效。

（4）我是计算机科学学院的，成都有电子科技大学这样的名牌大学，我们的就业压力将会很大，那怎样提高我们的就业竞争力呢？

答：计算机科学发展很快。在打好基础的前提下，要紧跟"前沿"，这就可提高就业竞争力。

（5）人的自信很重要，应该怎样树立自信呢？

答：克服自满和自卑；看到自己的长处，发扬长处，就可树立自信。

（6）政治课笔记做不完整，老师念得太快怎么办？

答：记关键词和关键句。

（7）怎样学才能顺利通过英语四级考试？

答：要背课文。听说领先，读写跟上。《新概念英语》第二册，共 96 课，你能熟读，大多能背诵，四级就可通过。这本书只读一、二、三课，那本书只读一、二、三课，就永远通不过英语四级考试。

（8）怎样的专业才是一个好的专业？

答：能发挥你的长处的专业，对你来说，就是好的专业。

（9）作为政教学院政教专业的学生，我们在就业上会遇到哪些问题？怎样能够面对就业压力？

答：还有四年，何必这么早就自找"就业压力"。（大家笑）

（10）如果对于某件事或者对于很多事都很喜欢，担忧、担心做不好，要怎样才能让自己的焦虑情绪缓解？

答：《大学》这一经典，第一段就写道："大学之道，在明明德，在亲民，在止于至善。知止而后有定，定而后能静，静而后能安，安而后能虑，虑而后能得。物有本末，事有终始。知所先后，则近道矣。"请你翻译、领悟和实践这段话，就能解决焦虑情绪。

（11）学人力资源管理专业的学生毕业后就业是否非常困难？

答：关键看你学得好不好，学得很好，就业不难。

（12）学英语专业现在还吃不吃香？

答：除了英语专业外，还应掌握一二门专业知识，例如公共管理、工商管理、计算机或其他专业，这样自然吃香。

（13）能否请问一下人力资源管理专业今后的就业方向有哪些？

答：政府部门中需要人力资源管理（大多是宏观方面）；每个企业也需要人力资源管理（大多是微观方面）。管理学是一级学科，工商管理是二级学科，人力资源管理是其中一个专业。学人力资源管理专业的同学，要有较广阔的专业视野，才有利于就业。

（14）查教授，您在这短暂几十年里，为什么能学到那么多东西，取得如此大的成就？有什么秘诀和经验吗？

答：勤奋是第一条。我的生活公式是：保持童心，即保持好奇心；珍惜时光，即努力去创新。不断发挥自己的所长，不断积累自己的优势。友善相处，平等待人，不攀不比，心态平衡。

（15）由于对所学的专业不满意，但换专业的希望又十分渺茫，我对未来四年的大学生活有些迷惘，有些不知所措，自己的思想压力很重，如何才能让自己放松，安心地学习？

答：首先，在这个专业学习多少天，就认真学习多少天，每一门专业中的"方法"都是可以普遍"迁移"的；其次，力争早日转换一个你所喜爱的专业，只要你的道理充分，学校是允许换专业的。不过，在大学期间，"扬长避短"是一种选择；"用长补短"也是一种选择。补补你的"短"也有好处。

（16）师范院校的非师范专业，如政教（社会工作、人力资源管理）就业压力是否很大？

答：现在的任务认真学习，不要过早思考就业压力。你的身心健康、学习优异、为善做人，难道还愁找不到工作吗？

（17）现在的竞争很大，大学生活不再是以前那种悠闲的生活，我们应该保持怎样的心态去面对竞争，尤其是面对竞争带来的失败？

答：工作就工作，娱乐就娱乐，只有这样才能幸福和快乐。谁说大学没有悠闲生活！竞争不可怕，失败也不可怕，要以乐观的心态去面对。

（18）现在的就业压力、社会变迁太大，我们应该以怎样的心态去面对，应以怎样的信念去好好做人，做自己理想的人？

答：我前面讲了，好好做人，就是要自觉诚信、学会选择、整合感情与理性。瞄准自己的理想，不断努力，就能逼近理想。

（19）我高中时候读理科，大学读文科感觉是无从适应，什么知识都不知道，心里有些无奈和烦躁，害怕失败，请问怎样解决？

答：理科要做实验，要做习题，也要认真读书；文科要背诵经典"美文"，要小组讨论，要班级辩论。理科、文科，各有乐趣，没有必要感到无奈和烦躁。没有失败，哪有成功？

（20）在高中时候使用的学习方法在大学时使用，可以吗？

答：在实践中行之有效的方法，在高中时可以使用，在大学时同样可以使用。

（21）怎样安排大学生活？

答：要制订一个合理的计划，并随时加以调整，实现"身体好、学习好、工作好"。毛泽东强调："健康第一，学习第二。"对于大学生，这很重要。

（22）能不能给我们建议一下，读哪些书对我们的帮助很大？

答：各个专业应读的书不一样，不过我建议你们都要读孔子的《论语》、老子的《道德经》。

（23）读大学后时间太紧，怎样把学习与休闲娱乐及人际交往、社会实践协调起来？

答：要合理安排时间。每天早上跑步，下午有半个小时左右的体育锻炼，这是不可少的。大学生的主要精力应放在学习上，但要利用假日和课余参与人际交往和社会实践，在安排时间上要有主有次。

（24）怎样培养对专业学科的兴趣？

答：通过多种途径，明确你所学专业学科的社会意义和人生意义，你就能增强学习兴趣。兴趣是最好的老师。你找到了最好的老师，就能培养对专业的兴趣。

（25）如今电脑已达到了高峰发展阶段。请问：四年后的中国，按照国情，计算机科学会成为冷门吗？

答：在全世界，电脑的普遍应用才刚刚开始，怎么会成为冷门？

（26）四年后，中国需要什么样的专业人才？

答：在古代，有七十二行，行行都需要人才；在现代，大大超过七十二行，同样是行行都需要人才。

（27）大学生活应怎样度过？

答：一开始我就讲了："大学生活是人生最幸福的岁月。"你要珍惜它，这样就能很好地度过。

（28）请问：MBA，MPA与CPA是很实用的专业吗？其攻读难度是否太大？

答：工商管理硕士（MBA）、公共管理硕士（MPA）当然是很实用的专业，其学习方式主要是通过实际"案例"进行学习。注册会计师（CPA），这是属于会计职业的资格认证，不是学位。任何一门专业都有难度，难度是否太大，因人而异。

（29）学教育技术专业若想当大学（本科）老师，只能是读研究生毕业后才行吗？

答：世界各国的名牌大学的教师，几乎都要求具有博士学位。中国的著名大学也正在同世界看齐。对大学教师而言，学位是非常重要的。

（30）许多人都说人力资源管理这个专业毕业后因缺乏经验而找不到工作，请问您怎样看待这个问题？

答：没有这么绝对。学历重要，经历也重要，但是找工作主要看各人的素质。美国《高等教育研究》2002 年第 11 期有一篇研究论文称："入学前的工作经验与 MBA 的学业成绩和毕业后的职业成就没有关系。"值得大家关注。

（31）人力资源管理现在可谓是一个冷门，那么以后的前景如何呢？

答：事物的发展总是"波浪式"前进的：冷久必热，热久必冷。

（32）怎样才能处理好大学中的人际关系？

答：与所有的人"保持健康距离"，不可过密，不可过疏，这就可避免"是非"，以便自己集中精力学习。"保持健康距离"是我处理人际关系的一个发明。

（33）博学是否意味着平庸，现行社会究竟需要的是专业性人才还是多层次结构的人才？

答：博与专是对立统一的。只有博学，才可能深专；只有深专，才可能真博。社会需要的人才是各种各样的，既需要专业性人才，也需要综合性人才。

（34）听了您的演讲，我们感到您对学习、生活是非常积极主动和自信的，但因为种种压力，一个人难免会有挫折、动摇的时候，这时，您如何自我调节呢？

答：保持心灵平静，超越自我中心。不要把"我"字看得太重，就可以消除压力、挫折、动摇。

（35）大学里，怎样才能找到适合自己的学习方法，提高学习效率呢？

答：适合自己的学习方法，只有你自己才知道；你的高效率的学习方法，就是适合你自己的学习方法。基本的学习模式有："启发接受"、"活动探究"、"形象体验"、"合作交流"等。因学科不同而分别选择相对应的学习方法是较为合理的。没有固定的方法，才是最好的方法。

（36）如何使自己在大学里变得自信？

答：发现你的长处，发扬你的长处；积累你的优势，积累你的成功——你就会自信。

（37）怎样面对高考失败带来的"郁闷"？

答：你考上了这样好的大学，还自找什么"郁闷"？（大家笑）可能你平常成绩很好，高考不理想这也用不着"郁闷"！高考成绩大多只反映逻辑思维能力，操作能力、艺术能力、交往能力都难以从高考中得知，所以高考成绩差一些，并不能说你的能力不行。

（38）公共事业管理专业的前景怎样？

答：社会需要公共事业管理，前景肯定好。

（39）人说："考研难，考研难。"考研到底有多难？

答："世上无难事，只怕有心人。"你有心要考研，考研就不难。

（40）查教授，由于我对所学专业有些不满意，转专业的希望也比较渺茫，上了两堂课给我的感觉不是很好，所以我对未来四年有些迷惘，有些彷徨失措。我应该怎样减轻思想上的压力呢？

答：无论学什么专业，坐在教室里就要力争有收获。你对所学专业"有些不满"，可以渐渐满意起来。在学习的道路上，有时可能要走一段荒凉的沙漠；只要努力前进，绿洲就会来临。

（41）师范院校的非师范专业是不是实力不强，就业压力大？如思想政治教育、社会工作、人力资源管理等专业。

答：大学有四大：大师、大德、大爱、大气。师范与非师范并非划分实力强弱的标准。

（42）你认为美国基础教育好，还是中国基础教育好，或者各有优劣？

答：美国的基础教育重视个性发展是对的，但过于强调"个人自由"，纪律松弛，基础打得不扎实；中国的基础教育基础打得较好，但过于强调"学海无涯苦作舟"，"头悬梁、锥刺股"，这些模式我不赞成。在基础教育阶段，"适当的强制"和"纪律的约束"永远是需要的；基础教育重在打好"基础"："知识、能力、态度、方法、价值观"多方面的基础。中国和美国，要相互学习对方的优点。

（43）请列举几部经典著作（关于人力资源的）。

答：关于人力资源，在西方，有舒尔茨的《论人力资本投资》、贝克尔的《人力资本》等经典著作；在东方，毛泽东和邓小平的著作，有丰富的人力资源管理的思想和理论，要充分加以重视。

（44）文科生应该选修哪些理科课程或阅读什么书籍，以加强我们的理性思维？

答：理科范围很大，数、理、化、生、天、地等都属理科。你应当选择一个领域作为选修课，最好能读到大学二年级水平。

（45）对于人力资源管理专业的学生，我们应该具备什么素质？

答：有社会责任感、善于人际交往、有较广博的知识、有全球化的视野。这是重要的四项素质。

（46）理论和实践是不可分割的，但也是有重点的，我们应该怎样好好地处理两者的关系？

答：没有实践基础的理论是"空洞的理论"；没有理论指导的实践是"盲目的实践"。实践是基础，理论是指导，两者不可分割。在大学期间，重点是在一定实践基础上，掌握基本理论。要将基本知识、技能、理论、态度、方法这五者"整合"起来。

（47）您有没有觉得生活没有意义，甚至一切都没有意义？如果有，您是怎么消除这种心理的？

答：如果你有这种感觉，"觉得生活没有意义"，我对你深表同情。我能记忆，但更多是忘却。忘却一切无意义、不愉快的事情，剩下的就是智慧和快乐。

（48）怎么提高我的社会交往能力？

答：从社会交往中提高社会交往能力。实践出真知，还要善于反思。

（49）请问：学会学习，学会做事，学会生活，学会做人。为什么学会做人放在后面？是因为它的重要性不及其他而排在最后吗？我觉得它应该排在这四点之首。

答：这四个"学会"，在联合国教科文组织的报告中，称为教育的"四大支柱"。"四大支柱"同等重要，共同支撑着教育这座大厦。排列的先后顺序并不表明哪一个更重要。

（50）人力资源管理在本校属于一个新专业，请问其前景怎么样？

答：中国人力资源丰富，人力资源管理专业显然不可缺少。对你们学校而言，其前景完全取决于贵校教师和学生的努力。有创新，就有地位；有贡献，就有权威。

（51）本是读理科的学生却阴差阳错地被文科专业录取，对老师讲的课懂的不到1%，怎么办？我真的感到迷惘。

答：懂的不到1%！这太严重了！多与老师商量，看下一步如何"选择"。理科和文科，差别没有如此巨大，需要相互融合，不必感到迷惘。

（52）没有自信和胆量去展现和锻炼自己，怎么办？

答：克服"面子"观点，努力勇于展现。如果不懂，就要大胆问，纵然遭到嘲笑，学问却会加深。

（53）大学生应怎样自学？

答：教是为了不教，学是为了自学。从书本中学，从实践中学，从审美中学，从交往中学。简言之，从自学中自学，或说"从做中学"（learning by doing）。

（54）对数学完全丧失信心了，看着它就发火，学着它就睡觉，怎么办？

答：从简单的问题开始，独立思考书中的"例题"；认真思考几分钟后，再看书中的"题解"。这样坚持下去，你总会有些收获，学习的兴趣和信心也会渐渐增强。

（55）历史老师不讲普通话，讲四川话，我一点儿也听不懂，怎么办？

答：请老师讲普通话。不过，四川话属于"北方语系"，说慢点，都能听懂。我在美国，一次乘飞机遇到一个"老外"，他说一口地道的四川话，还说："邓小平也是说四川话嘛！"（大家笑）

（56）请问是一直坚持自己原来的理想好呢，还是应该不断地根据环境的变化而改变自己的理想？

答：当然要与时俱进，因时应事。

（57）越学越发现自己很无知，有什么办法克服这种心理？

答：发现自己无知，才能促进自己努力学习。没有必要克服这种心理。

（58）光看各类名著也会有很多问题，但不知怎么解决，怎么办？

答：大学学习期间，首先要认真读教材；然后有针对性、有选择性地读名著，读书中有很多问题，这很好！问题能促进你去思考。

（59）我性格很内向，胆量很小，如何锻炼自己的胆量？

答：每个人的胆量都是从实践中锻炼出来的；每个人的性格都既有内向的一面，又有外向的一面。不要过于低估了你交往的外向能力和胆量。

（60）假期的时间该如何最科学地安排？

答：把下学期要学的教材通读一遍。

（61）请推荐几本必读或读后能终身受益的经典之作。

答：除前面已说过的孔子的《论语》、老子的《道德经》外，《孟子》、《庄子》、《荀子》、《孙子兵法》等中华文化的经典都应通读。熟读经典，受益无穷。学政治、经济和哲学，马克思的《资本论》、恩格斯的《自然辩证法》都是真正经典之作。我在大学二年级时，精读了恩格斯的《自然辩证法》，的确终身受益。

（62）初入大学的我们应怎样确立人生之路？

答：认认真真求学，踏踏实实做事，诚诚信信做人。

（63）我一看见厚书就头痛，怎么办？

答：选择薄点的书来读。（大家笑）我写有一本薄书《教育模式》，重印了六七次，印了几万册，可见，大家都喜欢读薄书。

（64）请问：您到美国去是讲英文吗？如果是的话，您是怎样学习英文的呢？

答：当然是讲英文。学习英文，就是要背课文。英文要过关，其一是拿起英文的报都能看懂；其二是英文的电影也能听懂。我还不行，有时报上的"标题"都不知其意；1993年在美国，5美元买张电影票，看《保镖》，看完后，好人坏人都还未分清楚。（大家笑）

（65）您指导过您的孩子的学习吗？

答：我刚出版的新作《教育诗：创新》，每一小班送同学们一本，其中有许多诗都是教我的孩子如何"求学和做人"的，可供大家参考。

（66）您说的都是如何做一个好人，但是这个社会很现实，社会中的一个人会被生活所累。我想更重要的是如何做到"方"和"圆"。您同意我的看法吗？

答：有方又有圆，方变圆，圆变方，符合辩证法。我们每一个人都要做好人。"社会很现实，会被生活所累。"不管社会环境怎样变，做好人这不能变。现在的中国社会环境是历史上最好的时期。

（67）读书，如何才能保持自己独立的思想，不受作者思想支配？如不受作者的某些偏激的思想影响。

答："尽信书，则不如无书。"读书，既要继承，又要批判，必须独立思考。

（68）怎样做到谦虚？

答：以平等、平常、平凡的态度对人处事，你就能做到谦虚。

（69）请问当机遇在不平等的境遇中出现时，应该怎样面对？

答："机遇"对人人都是平等的。从统计上看，这是肯定的；"机遇"对你个人是否平等，这全靠你的努力，看你是否能抓住机遇。

（70）请问远大的理想与残酷的现实一定是敌人吗？

答：理想不必过于"远大"，现实也不是什么"残酷"。在理想与现实之间"来回调试",就可作出明智的优选。

（71）人就像一座矿山！在人才济济的校园，要怎样挖掘自己这座矿山？要怎样才能使自己最闪光的一面展示给世人？自己这座矿藏到底有多深？在挖掘的同时要怎样去充实自己？唯有自信与执著行吗？

答：自信只是必要条件，而不是充分条件；过分执著大可不必，执著只会增加烦恼和痛苦；你还必须虚心与放松。养身之道在于运动，养心之道在于放松。开发你的智能，即是开发你的"脑矿"。人脑的潜能是相当大的，永远不可能达到无法再开发的程度。

（72）您说过人必须诚信，可是您说给我们六条建议为什么只说了五条？

答：很对不起！第六条忘记说了。第六条建议是：要循序渐进地学习，要认真主动参与教学。

（73）大学时候感到竞争压力大，可以缓解吗？

答：当然可以缓解。要有从容乐观的心态。现在全世界都重视"合作学习"，不要把"竞争压力"人为地捧高。当代科学的进化论承认有"生存竞争"，但更强调"合作才能生存"。"炒热"竞争是个"误区"，不要自己吓自己。孔子主张"和为贵"，老子主张"为而不争"。这是大智大慧。

（74）请问在大学学习生活期间，怎样的心理状况才算健康？

答：心情开朗，不要斤斤计较小事，"君子坦荡荡"。

（75）理科生在文科专业的班级怎样才能学好？

答：理科生在文科专业学习，并没有不可克服的困难。你要乐于背诵经典。德布洛意，法国人，大学学文科，后来改学物理，而且获得诺贝尔物理学奖。可见，文科与理科之间没有不可逾越的鸿沟。

（76）当发觉身边的同学似乎样样都比自己优秀时，该如何树立自己的自信心？

答：发扬自己的长处，克服自己的短处；没有必要向他人一律看齐。

（77）语文很差怎么补？

答：每天坚持写"学习日记"，每天坚持做"读书笔记"。持之以恒，就能补上。

（78）请您给我们留几句话，好吗？

答：我的赠言是：做人，做中国人，做堂堂正正的中国人；做事，做老实事，做有益于社会的事；做学问，做大学问，做有创新的学问。

第7章 "校本学习"以及教师"成才之道"

7.1 学习的层次

人的学习通常被理解为个体的学习。终身学习即是指一个人从小到老的学习。荀子在《劝学》中写道:"君子曰:学不可以已。"明确指出:学习是不可以停止的,要"活到老,学到老"。英语中有句话叫 Never too old to learn,也是这个意思。学校的主要任务就是教学。教师要学得好,才能教得好,最终落实到每一个学生个体的学习。

20 世纪 50 年代起,随着系统科学的逐渐形成和深入,"组织学习"的概念被提了出来,并不断深化。20 世纪末,随着"知识经济"概念的提出,在学习经济背景下,又形成了学习型区域的理论,以促进区域经济的发展。

如果说终身学习是从时间的维度来研究个体的学习,那么,组织学习、学习型区域、学习型社会则是从空间的维度来研究群体的学习。上述研究主要是针对企业的生存和发展,以提高企业的学习能力和加强学习型组织的建设。这些研究从学校的学习中吸取了不少经验和做法,同时反过来又对作为组织学习的校本学习有不少启发。

本章是从组织学习的观点来研究校本学习，用以有效提高学校的学习能力，成为学习型组织，以适应社会发展的需要，更快更好地提高师生的素质，提高教育质量。

从学习的层次看，组织学习包括个体学习、团队学习、组织层学习、组织间学习。组织间学习可以包括范围更大的学习，如区域学习、国家学习、全球学习。中国东西部学校合作，即是在推动区域学习；我们建设有中国特色的社会主义，正在全国范围内学习"邓小平理论"和"三个代表"重要思想，这是国家学习；互联网的建立，计算机的普及，为人类全球学习提供了物质基础。

校本学习是以学校为本，以学校为基本单位的学习，目的在于推动整个学校的发展，并提高学校的学习能力，是属于在个体学习、团队学习基础上的组织层学习。20世纪90年代以来，国际上开展了关注学校为本的教育改革。正如朱慕菊在"校本研究丛书"总序中所指出的："学校作为公共教育的细胞，它的活力所在、发展的动力和能力所在已成为教育质量是否能得到普遍提高的关键，因此，对逐步建立起以校为本的教学研究模式和教师专业化发展模式的社会期待和内部动力日益高涨。"

显然校本课程开发、校本教学研究、校本行动研究、校本教师培训、校本管理、校本评价等都属于组织层学习，是个体学习基础上的群体学习，有不同于个体学习的特点和模式。"学校发展的能力来自本校的工作团队，来自对学生发展、教育科学规律的不懈研究和执著追求。"从学校教育的视角看人类的学习层次，则有四个层次的学习，如图7-1。

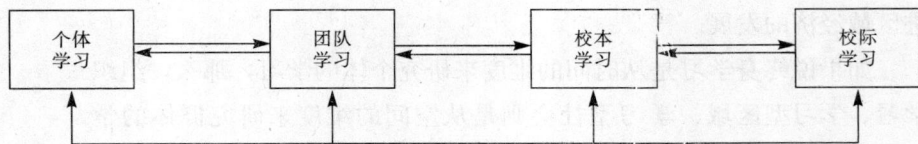

```
┌────┐      ┌────┐      ┌────┐      ┌────┐
│个体│ ←──→ │团队│ ←──→ │校本│ ←──→ │校际│
│学习│      │学习│      │学习│      │学习│
└────┘      └────┘      └────┘      └────┘
   ↑_____↑_____↑_____↑
```

图 7-1　人类学习的层次

7.2 "校本学习"的案例分析

1992年，成都师范学校附属小学的校长邀请作者为学校的发展提建议。在假期集中了几天进行团队学习，有校长、主任、骨干教师及校外专家一起，讨论"如何推进素质教育"。成都师范附属小学在课堂教学中开展"情知教学"的研究已历经10年，课程改革怎样深入进行？学校的管理怎样规范化、科学化？以校长为主的团队学习是核心，有小组讨论，有全校报告。校长要求作者将讨论的结果综合起来，形成成都师范附属小学的办学模式。在确定这个办学模式的名称上，选择了许多都感到不满意，就暂且定名为"小学教育的科学模式"。

案例1：成都师范附属小学的"科学"模式（1992年）

一、办学模式：以素质教育为中心的办学模式。概括为：教师素质、学生素质、家长素质，整体发展。

二、教学模式：以情知教学为中心的教学模式。概括为：行知结合、情知结合、群知结合，全面育人。

三、课程模式：以多种课程相结合的课程模式。概括为：核心课程、活动课程、潜在课程，综合进行。

四、管理模式：情感与科学相结合的管理模式。概括为：情感管理、目标管理、过程管理，统一实施。

上述总结概括，多次与全校教师一起学习研讨，全文在《中国教育学刊》发表后，推动了校际之间的学习与交流，同时也促进了学校的发展。上述总结的缺点是：仅由专家作概括，理性色彩很强，操作性不够。更科学的做法应当是，办学模式、教学模式、课程模式、管理模式，都由成都师范附属小学的教师们全员参与学习研究，不断丰富深化，最终以成都师范附属小学的校长为首，组织一个核心班子，以全校教师的各种实例作充实，出版一本小册子，将校本学习的成果物化，使之内化给全校教师，外化传播给社

K19　积极参与校本学习：个体学习是基础，团队学习是关键，推广传播求发展。

会，转化为学校与时俱进的发展动力。

2001 年，作者参与成都市双流中和小学办学模式的建构。学习目标很明确，为该校设计一个全校师生认同的办学模式。在半年时间里，以校长为核心的团队学习进行了几次，成员包括政府行政领导（副县长）、专家、骨干教师，采用"从师生中来，到师生中去"的方式，几上几下，终于形成一个全校师生认同的办学思想："和美"教育。

> 案例 2：成都市双流中和小学"和美"教育模式（2001 年）
> 办学思想：以和为贵，以真为美，实施"和美"教育。
> 　　　　　"和"即和乐、和谐、和平；"美"即美德、美智、美体。
> 校　　训：踏踏实实做事，和和美美做人。

建构学校办学模式，校长必须做"提纲挈领"的概括工作，内化给每位师生，外化为社会认同。

建构学校办学模式是一个系统工程，需要一系列的操作规程配套。

建构学校办学模式，要让该模式深入师生和家长心中，必须"物化"为成果。

在较短时间内，由校长做主编，全体教师、学生、家长充实案例，出版一本生动的书《享受和美》。

7.3　"校本学习"的基本模式（K19）

经过 10 年的探索，作者初步总结出以学校教育模式建构为目标的校本学习，其要点如下：

（1）个体学习是基础

确定学习目标，确定研究课题，以任务驱动，促进个体学习。个体学习的加强有赖于团队学习、校本学习、校际学习。后三个层次的学习又都是以个体学习作为基础。

（2）团队学习是关键

要以校长为核心，校长必须认真参与学习的全过程，吸收校外专家、校内骨干教师，组成一个学习的核心小组，围绕主题，采用"从师生中来，到师生中去"的办法，充分吸取群众的智慧，充分发挥专家的潜力，充分听取官员的意见，最后由校长作出选择。

（3）实施推广是重点

有了一个好的、师生认同的办学思想、办学模式，一定要将理念操作化，要有广大师生的案例来充实内容，要有相应的操作规程作配套，要在实施推广过程中不断修改、充实学校的办学思想、办学模式。校本学习是一个动态过程，没有终结，要与时俱进。

（4）对外传播求发展

校本学习是属于组织层学习，对外传播则是校际间的学习，即是组织间学习。对外传播是十分必要的，在对外传播的过程中，可以听取社会的各种反馈意见，促进自身的发展；同时，如果能有更多的学校采纳，则能为区域的发展作贡献。这也是校本学习理应追求的目标。校际间交互学习能促进区域发展，从而促进学校更好地发展。

上述校本学习基本过程，可以用一个框图表示，见图 7-2：

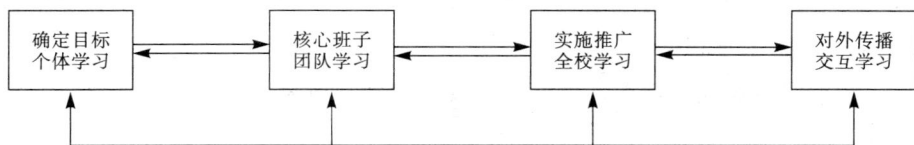

图 7-2　校本学习的基本过程

上述四个层次的学习都是相互影响的。校本学习与这四个层次的学习都有关。

7.4 建构学校教育模式需要"校本学习"（K19）

为什么一所学校要建构自己的教育模式？一所学校需不需要建构有一定特色的教育模式？回答是：要。理由有三：其一，建构学校教育模式（或称办学模式），是学校自身求发展的内在要求；其二，建构学校教育模式，是适应我国社会主义市场经济发展的外在要求；其三，建构学校教育模式，是适应世界"和平与发展"这两大主题的宏观要求。

怎样建构有一定特色的学校教育模式呢？首先，建构学校教育模式，总是从"原型"出发去创建"新型"，在传承校史的基础上开拓创新；其次，建构学校教育模式，总是从有针对性地"解决问题"出发，去创建新的模式；最后，建构学校教育模式，总是要有正确的理论指导，总是要对教育实践进行总结提高。

建构学校教育模式的基本条件是什么呢？第一，校长要有建模意识，要有远见卓识；第二，要有一个善于学习的、团结合作的核心班子；第三，要"内化"给全体教师，要"外化"为具体案例，要"物化"为出版的成果——上述三个基本条件，正是要求学校的校长和教师要理解和掌握校本学习的科学方法。

在上述思想的启示下，作者具体参与了成都市盐道街中学建构"中学教育整合模式"的全过程。

案例 3：成都市盐道街中学的"中学教育整合模式"（2001 年）

一、"生理、心理、伦理"，"三理"整合的德育模式。

二、"必修、选修、活动"，"三课"整合的课程模式。

三、"文科、理科、艺体"，"三科"整合的教学模式。

四、"小学、中学、大学"，"三学"整合的联系模式。

五、"学校、家庭、社会"，"三教"整合的教育模式。

作者在参与广州市109中学"以美育人"教育模式的建构中，深感只有校长带头学习，才能促进校本学习。

> 案例4：广州市109中学"以美育人"教育模式（2000年）
>
> 理　　念：和为美，求发展
>
> 　　　　　和为美——儒家思想的"以和为贵"，"和而不同"。现代人应增强兼容、互补、互利，共同发展的意识。
>
> 　　　　　以"栽盆景"心态，对待工作和学习。
>
> 　　　　　以"森林原理"，处理人际关系。
>
> 　　　　　以"荷花原理"，对待成绩与荣誉。
>
> 　　　　　求发展——扬长促发展。培养学生自我发展的意识和能力。
>
> 办学宗旨：以美立校，以美施教，以美育人。
>
> 办学方法：以美促德，以美启智，以美健体。
>
> 校　　训：求真　立善　创美

通过校本学习建构起学校教育模式，但这不是一劳永逸的，需要不断深化，不断丰富，因为校本学习是一个学无止境的过程。采用校本学习的方法，作者撰写了《"三主和谐"育新人——四川省温江中学的发展模式》，于1998年发表在《中国教育学刊》上。"三主"指教师主导、学生主体、发展主线，主导、主体、主线这"三主"都是强调教育要以人为本，即以人的和谐发展为本。学校以"三主和谐"为课题，不断深入研究，该课题被列为中国教育学会"十五"规划课题，出版了大型专著《三主和谐教育模式》，这一校本学习的成果还在继续深入。

> 案例5：四川省温江中学"三主和谐教育模式"（1998~2002年）
>
> 核心思想：以人为本，和谐发展。
>
> 三　　主：以学校和教师为主导，以教师和学生为主体，以社会、学校、教师、学生的和谐发展为主线。
>
> 和谐发展：在实施教育的过程中，通过对所有教育要素的整合，让所有的教育主体都得到和谐发展。

　　校本学习是在个体学习、团队学习基础上，以校为本的群体学习。校本学习对下可以促进个体学习和团队学习，对上可以丰富和发展校际间学习。这对于形成学习型区域、学习型社会是不可或缺的。在高等职业教育中，进一步将以学校为本的校本学习同以企业为本的组织学习相互联系起来，则更能促进区域经济和社会的发展，这是需要进一步研究的课题。

7.5　从教师的心声领悟教师成才

　　成都市教育局于 1990 年颁发《关于表彰成都市优秀青年教师的决定》，至 2003 年底，全市共评选出优秀青年教师 1449 名。成都市教育科学研究所的同志们用了三年时间做了一项很有意义的工作："成都市优秀青年教师成长规律研究"，以《诗意青春》为书名，出版了这本研究专著。我认真拜读后，很受感动，很受教育。

　　本书取名为《诗意青春》，当然有内在原因，我边看边记，记下了许多优美的诗句：

　　●做一名教师，是我从小的理想；三尺讲台，是我梦中的天堂。

（成都市第十七中学　钟孟贤）

　　●我要和学生一起成长，就像一棵树一样，自己的根扎得越深，给别人的绿荫也越多。　　　　　　　　（成都市第二十一中学　陈　华）

　　●一个人只要钟情于自己所从事的事业，就好比航行于大海中的船找到了灯塔。　　　　　　　　　　　　（新都区清白小学　梅家芬）

　　●我一口气说出了所有学生的名字。学生们都惊呆了，想不到我未见其人，却能直呼其名，那佩服的目光把我引进了他们的心灵。

（成都市人民北路铁路一小　任　蓓）

　　●浪花选择了大海，雄鹰选择了蓝天，星星选择了天空，小草选择了大地。我选择了——幼儿教育，这是我终身引为自豪的无悔选择。

（成都市第三幼儿园　胡　昕）

●正是因为"用心",我才投入全身心的力量去爱学生;正是因为"用心",我才在工作中充满激情;正是因为"用心",我才非常尊重自己的同事;正是因为"用心",我才重视培养孩子们积极的生存心境、积极的人生态度——"用心"去善待生活,"用心"去服务社会。

(四川师范大学附属中学 蒋晓明)

●我们是平常朴素的一族,没有丰厚的回报,更没有显赫的头衔,我们与孩子为友,与铃声为伴。 (成都市第三幼儿园 李正华)

●自胜者强,自强者胜。战胜别人的人只是有力量,而战胜自己的人才算坚强。 (彭州市通济镇中心学校 马 勇)

●生命中每一片真情与梦幻都不要随意扔掉,拾起来用文字补缀一下,就是一页闪光的人生。 (成都市玉林小学 胡 宇)

●教育、教学为教师提供了一个展示自己知识、才华、人格魅力的舞台。一堂课就是一次演出,精彩的演出需要演员具有出色的演技,成功的授课需要教师具备高超的教学艺术。 (成都市第七中学 史玉川)

●把热爱落实在具体的行动中,把美好铭刻在学生的脑海中,把理想书写在蔚蓝的天空中,浓墨重彩,我要——画出心中的彩虹。

(成都市旅游职业中学 齐 虹)

●学校无小事,处处皆教育;教师无小节,时时是楷模。

(成都市站北小学 冷永德)

●如果我能站好每一天的三尺讲台,教师的生涯就会像田野上的树一样自然、健康,像田野上的花朵和果实一样饱满、芳香。

(成都市第二十中学 刘 英)

●也许一句问候的话,就能使丧失信心的孩子重燃希望之火;也许一个很平常的抚摸,就能让一个心灰意冷的孩子起"死"回"生"。理、诚、情三者相辅相成。理为先决,诚推理行,情注理中。有情胜于至理,有理更加深情。 (成都市双林小学 曹秦蓉)

●教师是何许人也?她应该是学生的一面镜子,是学生身后的一棵大树,

K20　深刻领悟成才之道：成才统计律是十年树人；学习律、发展律、整合律。

是学生知识的源泉，是学生向上的动力，是学生疲惫困倦时温馨的港湾。

（郏县一中　李晓兰）

教育是复杂的，充满了诗意；但规律是简单的，可以一目了然。成才年限的统计规律是"十年树人"，即从接受教师专业训练开始，到成为优秀青年教师，平均为 10 年。从进入师范学校、师范专科学校、师范学院开始，分别学习 3～4 年毕业；优秀青年教师的教龄约 80％是 7 年以上。因此，从接受教师专业训练开始，到成为优秀青年教师，平均为 10 年。本书的研究给出结论："从年龄上看，此时小学教师约为 25～28 岁（以中师毕业计算），中学教师为 29～32 岁，正是精力最旺盛的时期。在 7～10 年的教育教学实践中，一般都经历了一至三个教学循环，也积累了一定的经验，其中的佼佼者开始脱颖而出。据国内外的相关研究表明，这个年龄段的教师开始步入成熟期，这与我们调查的结果较为一致。"根据对中外杰出人才的统计分析，从接受专业训练到作出第一流的贡献，至少是 10 年时间。我简称为"十年树人律"。

成才的道路是多样的，但总有不可或缺、不可逾越的特质和过程。我的研究得出优秀青年教师的特质主要体现为态度、个性、学识三方面。对待职业的态度：热爱、热情；对待学生的态度：尊重、真诚。个性特征：踏实与创造、自信与自强、宽容与真诚、民主与合作。学识特征：知识和修养有机融合，具有树立教育理念的意识与行为，构建了较为完整的学科知识体系，具有一定的教育知识与素养，具有广博的知识和宽阔的视野。怎样才能达到这些特质呢？即成才之道的规律是什么呢？我在这里将其概括为：学习律、发展律、整合律。

7.6　百年树人与十年树人（K20）

我们祖先很早就认识到："一年之计，莫如树谷；十年之计，莫如树木；

终身之计，莫如树人。"（《管子·权修》）后来演变为一个成语："十年树木，百年树人。"有十年的眼光就种植树木，有百年的眼光就培养人才。"百年树人"，其原意是："终身之计，莫如树人。"是指对人的教育，影响终身。"百年"即一个人的"终身"。演化成当今的"百年树人"，即"终身树人"、"终身教育"了。根据系统科学分析，如果从社会发展的整体看，应加一句"千年树教"，有千年的战略眼光就抓好教育；否则，国家和民族难以生存与发展。全世界的人所以尊敬杰出教育家孔子，就是因为他实践了管子的思想并有所发展，真正做到了"十年树木，百年树人，千年树教"。孔子从出生（公元前551年）到今年（2007年）已2558年了，至今影响不衰，这难道不值得我们深思吗？孔子是中国历史上的"第一位职业教师"，他首创私学。汉代住在成都的文翁，则是中国历史上的"第一位校长"，他首创公立学校。"文翁石室"从公元前141年建校，直至当今的"石室中学"，已持续发展了2148年，成为教育史上的奇迹。这难道不能说明"千年树教"的道理吗？

"十年树人"是一个统计规律。从接受一门专业训练开始，直至达到第一流的专业水平（专家水平）需要多少时间呢？根据古今中外的情况统计，需要10年。赫伯特·A. 西蒙（Herbert A. Simon）写道："在这一问题得到研究的几个领域，我们确实知道，即使最有才能的人也需要约10年时间方能达到第一流的专业水平。"[①] 这是根据对现代的各类专家的研究所得出的结论。在中国，古代的"状元"以及作出杰出贡献的各类人才中，又有哪一个不是经过"十年寒窗"或"精思博会，十年乃成"呢？孔子总结出一条每隔10年来一次跃迁的规律。孔子是一位终身学习、终身教育的典范。他说：

> 吾十有五而志于学，三十而立，四十而不惑，五十而知天命，六十而耳顺，七十而从心所欲，不逾矩。（《论语·为政篇第二》）

---

① 赫伯特·A. 西蒙：《人工科学》，商务印书馆1987年版，第93页。

孔子 15 岁立志做学问，30 岁才在社会上立身，站稳脚跟；以后每经 10 年努力便来一个跃迁：40 岁懂得社会上的事情不致迷惑；50 岁知道自然规律和人的命运；60 岁听到别人的话能判断真假、分辨是非；70 岁自己想的便能做到，而又不会超越规矩。

孔子通过教育实践，每 10 年就上一个大的台阶，不断地得到发展。对现代教师可以对称地说：20 而教，30 而乐中教，40 而有创造，50 而著书立说，60 而桃李满天下，70 而发挥余热，不疲劳。

小学教师多数是中等师范学校毕业，如果继续学习，经 2 年可达大专水平，或经 4 年可达本科水平，再经 3 年可达硕士水平，再经 3 年可达博士水平。换句话说，中师毕业生经过 10 年的教育可达博士水平。取得博士学位的人是否就是一名出色的教师呢？当然不见得。所以，我们一方面要重视学历，对基本的学历要有统一要求；另一方面我们又不能迷信学历，而应该更重视实际能力，重视工作经历。

一位教师只要热爱教育事业，在教学实践中边学、边教、边研，真正做到"做中学"，"做中教"，"做中研"，照陶行知先生提倡的那样"教学做合一"，坚持 10 年必能上一个大台阶。抓好教师的在职培训，提高素质，实在太重要了。一旦教师上了一个台阶，就应当及时得到政府的肯定，社会的认同，学校的鼓励，授予优秀教师荣誉称号。要让每个教师都能获得成功，要促使每个教师有所创造，要肯定每个教师作出的贡献。教师乐于教，学生才乐于学。提高教师素质是提高教育质量的根本所在。

"十年树人"是一个统计规律。有人会问："为什么我也经过 10 年努力，但没有成为优秀教师呢？"如果在 10 年之内，你都对教师的专业实实在在是"认真"、"用心"、"负责"、"得法"，肯定能够达到一流的"专业水平"。有的评上了优秀教师；有的达到了一流的专业水平，因为名额限制，没有授予"优秀教师"的称号，但在学生、同事、家长的心中，早已是优秀教师了。成都市教育质量的提高，正是依靠这些名副其实的优秀教师，以及更多的有实无名的优秀教师共同努力而创造的。

"十年树人"是一个统计规律，并不是每一个人都是这样。有的人大器早成，有的人大器晚成；有的人先觉悟，有的人后觉悟；有的人很顺利，有的人很波折；有的人顺境成才，有的人逆境成才等等。成才过程肯定是多样化的，但只要一位教师坚持 10 年的努力，都能达到一流的专业水平，这又是确定无疑的，所以才称之为规律。

"十年树人律" 给我们两点启示：其一，必须集中精力，10 年持续努力，方可达到一流的专业水平，成为优秀教师。十年时间，不能算短。其二，从工作到退休，总有几个 10 年，每一个人都有可能达到一流的专业水平，成为优秀教师。十年时间，不能算长。

7.7 成才之道的三条规律（K20）

美国心理学家波斯纳（G. J. Posener）提出教师成长公式：

$$成长＝经验＋反思$$

我的研究结果，要比上述公式复杂一些，教师成长公式为：

$$成长＝（实践＋理论）＋（经验＋反思）＋（整合＋传播）$$

学习律　　　　　　发展律　　　　　　整合律

首先，要善于学习。从实践中学，从书本中学，从合作中学，理论与实践要结合。这是成才的基础。

其次，要善于发展。吸取正反经验，不断反思调整，在继承中创新，努力持续发展。"发展才是硬道理"。

第三，要善于整合。将自己的优势积累起来，将自己的经历整合起来，同时要学会适时交流传播，得到社会认可。

研究古今中外杰出人才的成才之道，可以概括为三大规律：其一是学习律；其二是发展律；其三是整合律。

7.7.1 学习律

人要成才，必须善于学习。第一，既要学习书本知识，又要学习经验知识（直接经验、间接经验）。学习是他人不可能代替的，必须依靠自己努力。学习又是不能孤立进行的，必须向他人请教。第二，学习促进创新，创新又促进学习。学习知识与创新能力成正相关，知识与创新相互促进。热爱是最好的老师，乐学才能提高效率。第三，学习与实践是不能分割的，"学而时习之"非常重要。教与学是相互促进的，教是最好的学。"学而不厌，诲人不倦"。这才有可能成为有创新能力的杰出人才。

学习律可用一个公式表述为：

$$乐趣 \rightarrow 艰巨 \rightarrow 乐趣$$

对学习首先要有乐趣，要热爱；经过艰苦努力，包括学习知识，参与实践，互教互学，取得成功，从而才能得到更大的乐趣。乐趣是经过艰苦努力，作出贡献，有了创新，取得成功后的乐趣。在乐趣的基础上再学习，形成良性循环，从而作出更大贡献，更多创新，取得更大成功，成为公认的杰出人才。

7.7.2 发展律

每个人要成才，都有一发展过程：第一，必须在德、智、体、美、劳诸方面和谐发展，成为合格人才。以德为本，健康第一，才能持续发展。第二，努力学习，深入实践，成为有一技之长的专门人才。有职业道德、社会公德，才能持续发展。第三，任何一项重大创新都是要经历相当长时间的"愤悱"，统计告诉我们，要经过10年以上的集中努力，开放、交流、涨落、远离平衡态，既要循序渐进，又要超越、跃进，有所发展，持续发展，这才可能成为有创新能力的杰出人才。

发展律可用一个公式表述为：

继承→包容→创新

首先，要打好基础，继承前人成果，知识面宽，身心健康，成为合格人才；其次，要掌握一门专业，要包容"诸子百家"在这一专业领域内已取得的成就，成为专门人才；第三，要深入领悟创新之道：开放才能创新，交流才能创新，涨落才能创新，远离平衡态才能创新。杰出人才的关键是要有重大创新。

7.7.3 整合律

每个人要成才，必须将打好基础、发展个性、促进创造三者整合起来，缺一不可。第一，打好基础，包括做人、做事、做学问的基础，必须不断提高综合素质，包括思想道德素质、文化科学素质、身体心理素质、劳动技能素质、审美创新素质，重在将这些素质整合起来；第二，要将学、问、思、辨、行整合起来，要教学研合一，真善美统一，德才识统一。重视发展个性，有所为又有所不为，善于选择，扬长补短，努力做到博学深专；第三，解放思想，动手实干，勤于贡献，重在实践。要善于辩证整合、纵横整合、系统整合，要学会将整合的成果交流与传播，这才可能成为有创新能力的杰出人才。

整合律可用一个公式表述为：

博学→深专→博学

只有博学，才可能深专；只有深专，才可能真博；博专整合，才可能有创造和贡献。公式中的第一个"博学"是通才的博学，第二个"深专"是专才的深专，第三个"博学"是英才的博学。在博学基础上进一步再深专，形成良性循环，从而专得更深，博得更广，取得创新。

学习没有止境，发展没有止境，整合没有止境。一旦领悟了"十年树人律"以及"学习律"、"发展律"、"整合律"，每一位教师都可能成为优秀教师——这个称号更贵在是您的学生从心中给予您。孔子在世时并没有谁授予他"优秀教师"的称号，但是，现在全世界的人都公认他是优秀教师——万世师表。

●改进学习方法的钥匙

K17 指导学生改进学习方法：给学生通用的学习方法，也给学生互补整合的学习方法。

K18 从学生问题中系统学习：系统收集学生的问题，系统回答学生的问题。

K19 积极参与校本学习：个体学习是基础，团队学习是关键，推广传播求发展。

K20 深刻领悟成才之道：成才统计律是十年树人；学习律、发展律、整合律。

K1　"四象限"思维模式：从逻辑、操作、艺术、交往四个方面进行系统思维。

K10　建构模式，超越模式：学会自己建构教学模式．认识模式的条件和局限。

第 8 章 教师要学会自己建构教学模式

8.1　从一节课中学习教学建模

四川省教育厅师范处及四川省小学教师培训中心于 2001 年 11 月 20 日至 26 日举办了"四川省首期民族地区小学骨干教师培训班"（西昌）。2002 年 1 月 4 日至 6 日举办了"四川省小学教学新模式现场研讨会"（成都）。我一共听了小学教师上的 22 节课，其中 12 节语文课，10 节数学课，并由我进行现场评课。我采用了一种新方法评课：为每一节课建构一个教学模式，通过建构教学模式来进行评课。每一堂课的教学模式，我都写出"教学过程"、"教学特点"，并为该教学模式取一个模式名称，然后给出简要评述。在评讲教学建模过程中，我提出上课教师的优点和不足。几百位小学教师和校长对我这种新的评课方式反映很好。

我评课后，请每一位上课的老师写出每一节课的"说课与自评"，应有三个内容：一、备课思路，包括教材特点、学生实际、模式选择；二、教案设计，包括如何引入、主要过程、如何结尾；三、自我小结，包括成功之处、不足之处、如何改进。每一位教师都可以从上好一节课中学习教学建模。

课例1：成都师范附属小学　程科老师　小学一年级语文

雪地里的小画家

教学过程：

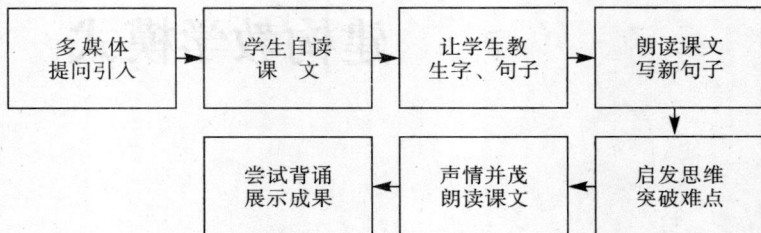

教学特点：媒体引导，学读课文。

模式名称："画图—启发"教学模式。

简要评述：为什么"小鸡画竹叶，小狗画梅花，小鸭画枫叶，小马画月牙"这是难点。教师通过展示图画，启发学生思维，从而很好地突破了难点。学生学得生动活泼，当堂就敢于尝试背诵，并取得成功，教学效果甚佳。"画图—启发"是小学语文课应当选择的教学模式之一。

课例2：成都市高新实验小学　石榴老师　小学三年级语文

瀑　布

教学过程：

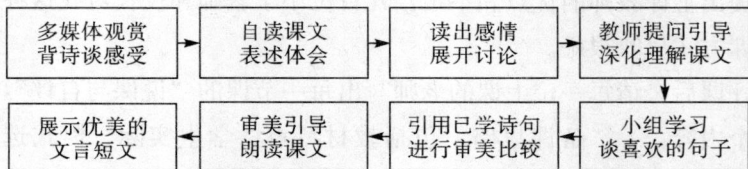

教学特点：推敲用语，审美比较。

模式名称："诗文—审美"教学模式。

简要评述：这堂课看得见学生在自主活动，在积极思考。大量引用课文以外的诗文，进行审美比较。有瀑布之处，则有山，有水，山静而水动，动静结合，多姿多彩。怎样描写瀑布，需要推敲用语，教会学生审美。教师选一文言短文来评山水，拓展了课文的广度和深度。"诗文—审美"教学模式艺术性强。

课例3：泸州市梓桐路小学　刁庆惠老师　小学四年级语文

荷　花

教学过程：

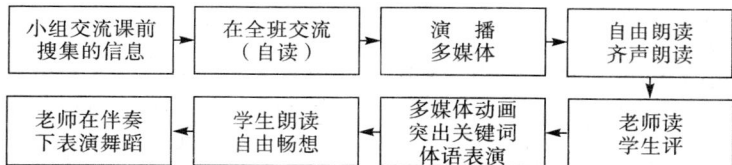

教学特点：看图说文，朗读体会。

模式名称："体语—表演"教学模式。

简要评述：一开始就让学生展示在课外搜集到的有关荷花的信息，这些众多信息形成网络，有利于学生对荷花的整体把握，大大扩充了对课文的理解。荷花不仅有色彩美、生态美，更有变化美。老师用舞蹈——动作的语言，即"体语"来表演荷花的变化美，建构了一种有特色的教学模式："体语—表演"教学模式。

课例4：成都市龙江路小学　李丁老师　小学四年级语文

峨眉道上

教学过程：

```
┌─────────┐   ┌─────────┐   ┌─────────┐   ┌──────────┐
│ 图画引入 │→ │ 学生试读 │→ │ 带着感情 │→ │ 放映学生负重│
│ 老师叙述 │   │ 表达理解 │   │ 朗读课文 │   │ 登楼比赛的录像│
└─────────┘   └─────────┘   └─────────┘   └──────────┘
                                                 │
┌─────────┐   ┌─────────┐   ┌─────────┐   ┌──────────┐
│ 学生尝试 │← │ 学生配音 │← │ 老师配音 │← │ 参赛学生 │
│ 背诵课文 │   │ 朗读课文 │   │ 朗读课文 │   │ 自述感受 │
└─────────┘   └─────────┘   └─────────┘   └──────────┘
```

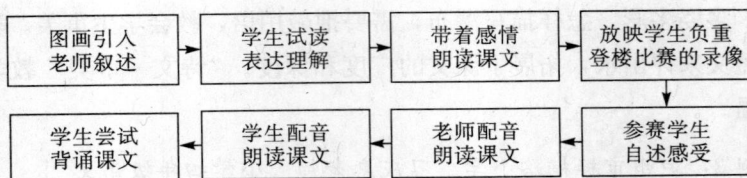

教学特点：角色模拟，陈述感受。

模式名称："角色—感受"教学模式。

简要评述：为了让学生感受铺路工人背着石板攀登天梯的艰难，利用学校曾组织的学生负重登楼比赛的录像，让参赛学生自述感受，从而使学生较为深刻地理解了铺路工人是真正的"无名英雄"。这种角色模拟，陈述感受的"角色—感受"教学模式，对理解课文以及相应的作文都是大有好处的。

课例5：成都市龙江路小学　易洁老师　小学二年级数学

长方形和正方形面积的计算

教学过程：

```
┌─────────┐   ┌─────────┐   ┌─────────┐   ┌──────────┐
│ 生活实际 │→ │ 用学具 │→ │ 操作学具 │→ │ 教师讲解 │
│ 引入课题 │   │ 做游戏 │   │ 全班展示 │   │ （多媒体）│
└─────────┘   └─────────┘   └─────────┘   └──────────┘
                                                 │
┌─────────┐   ┌─────────┐   ┌─────────┐   ┌──────────┐
│ 解决本堂 │← │ 用于特例 │← │ 得出公式 │← │ 小组讨论 │
│ 引入问题 │   │ 找新公式 │   │ 进行练习 │   │ 试找规律 │
└─────────┘   └─────────┘   └─────────┘   └──────────┘
```

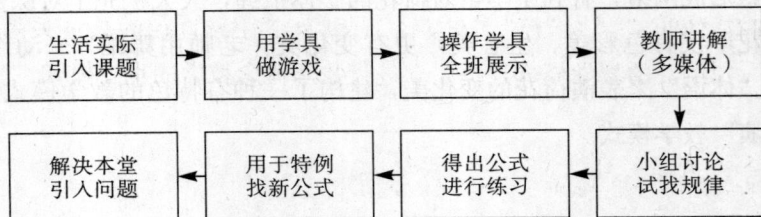

教学特点：应用学具，试找规律。

模式名称："操作—尝试"教学模式。

简要评述：一开始就提出"学校的前花园和后花园哪一个面积大？"的问题，学生们都不能回答。然后通过应用学具，学生尝试找出了计算长方形面积的公式；作为特例，又找出了计算正方形面积的公式。前花园长 14 米，宽 9 米；后花园长 13 米，宽 12 米。学生们应用自己发现的公式，计算得出前花园面积（126m²）比后花园面积（156m²）小的结论。前后关照，善始善终。

课例 6：成都市实验小学　于露老师　小学五年级研究性数学课
圆的认识

教学过程：

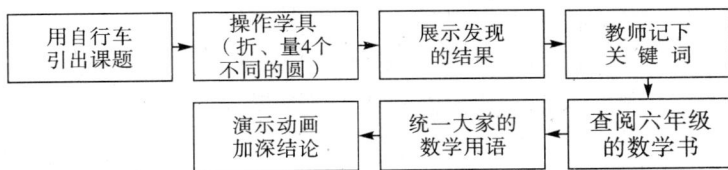

教学特点：操作学具，独立发现。

模式名称："实验—归纳"教学模式。

简要评述：老师让学生通过对大小不同的 4 个圆进行"折"和"量"，发现了圆的特点：有"中心点"、"短折痕"、"长折痕"——这是学生们自定的名称。在操作学具进行实验，独立发现的基础上，再让学生看书，统一认识到圆有"圆心"、"半径"、"直径"，以及半径与直径的数量关系。这种"实验—归纳"的教学模式，是小学进行数学概念教学的重要模式。

8.2 教学建模的 10 条建议

（1）打破教学建模的神秘感，每位教师都可自主建构教学模式。

（2）新课程，新标准，新教材，需要建构新的教学模式。

（3）从古至今，在实践中行之有效的教学模式仍然有效。例如孔子的"启发"式，《礼记·学记》的"善喻"式。

（4）采用"原型"→"模式"→"应用"的方式建模，即是"实例"→"模式"→"实例"的方式建模。应用这个公式，听一节课，就可建构一个教学模式。

（5）听一节课，先记下教学过程，再找出特点和取一个恰当的名称。

（6）找出这一节课教学的关键词——要简明，要鲜明，要有变化。

（7）记录教学过程时要撇开具体内容，小步抽象概括，概括要相对准确。

（8）在小学课堂教学中，每一教学阶段是一个"节目"，不宜过长或过短，大约5分钟，每节课的"节目"约6～8个。

（9）教学建模是一种有效方法，能促进教学创新。

（10）教学模式是多种多样的，教学建模是灵活变化的。要通过教学实例去建构教学模式，从而领悟出怎样建构教学模式。

8.3 教学策略的16条建议

（1）教师上课，70％左右的内容应紧扣教材，30％左右要作纵横联系，要作相关发挥，不要全部照教材讲课。

（2）既要尊重教材，又不要迷信教材，要鼓励学生敢于对教材的缺点说"不"！教师要带头独立思考，有所创新。

（3）善于提出恰当的问题，要让学生有操作和思考的时间。一堂课要有动有静，有张有弛，有松有紧。每一节课最精华之处要放慢速度。

（4）学生的操作和回答有不妥之处，要及时善意纠正，一定要纠正。

（5）学生需要鼓励，但要有所选择，不能滥用鼓励，鼓励的方式要多样化。

（6）不能就一节课孤立地只讲这一节课，要以教师的全部智慧来驾驭一节课，要前后联系，学科渗透，形成整体。

（7）小学一堂课 40 分钟，大多分 6～8 个阶段，包括开头和结束，每阶段平均约 5 分钟。每一阶段不宜太长（要小于 8 分钟），也不宜太短（要大于 1 分钟）。

（8）准时上课，要尽早"开门见山"；准时下课，决不要"画蛇添足"。

（9）要环视全班，留心那些注意力不集中的学生，及时提醒他们。对后进生要多多鼓励，对优生要有适度批评。

（10）准备三手：突然停电也可上课；电脑坏了也可上课；机器失灵也可上课。

（11）上一节课，其教学过程不是教师单向传授，而是师生交流和互动。师生交流和互动的方式多种多样，但是一节课不要变化太多，各种交流和互动的方式要相对稳定。

（12）学生每节课做练习必须在他们思考之后再进行，让他们知道正确答案并及时改正，这是十分重要的方法。

（13）对成绩落后的学生，唯一有效的办法是千方百计让他取得较好成绩。鼓励，鼓励，再鼓励，让他们积小成功为中成功，积中成功为大成功。

（14）对成绩优秀的学生，真正有效的促进方法是千方百计让他们知道"不进则退"，要让他们保持必要的"张力"，避免盲目自满。

（15）尊重每一个学生，要认定每一个学生都是"潜在的爱因斯坦"、"潜在的比尔·盖茨"。教师对学生要一视同仁，平等待人。

（16）上一节课，不是仅仅讲给全班学生听，而是应设想"全人类都在倾听"。要实事求是，力戒偏见。

8.4　新课程标准，新教学模式

从古至今，有许多学者提出各种各样的教学理论。从这些教学理论出发，当然可以建构起理论上可能的模式。不过，"可能"并不等于"可行"，"可行"并不等于"可信"。实践是检验所有教学模式是否有效、是否优越的唯一标准。从理论上探索模式建构，这有启发性；但是最终必须落实到建构有操作性、有可行性、有可信性的教学模式上。教学理念发生变化，教学模式必须要相应发生变化。过去的教学大纲强调掌握"基本知识"、"基本技能"（大学多增一项"基本理论"），这是对的，但这还不够。新课程标准除了强调上述"双基"之外，又增加新的"双基"："基本态度"、"基本方法"。新课程标准重视"知识、能力、态度、方法"的整合。这"四基"是相互联系、相互促进的。与新课程标准相适应的新教学模式，在理论上讲就应当有：

——在启发下接受（接受模式）、在活动中探究（探究模式）、在网上自主选择（选择模式）、引导自学生成（生成模式）。

——重视学科渗透（渗透模式）、认知情感结合（情知模式）、重视情境体验（体验模式）、培养创新意识（创新模式）。

——在合作中学习（合作模式）、在交流中分享（交流模式）、在互动中深化（互动模式）、学会调查反思（反思模式）。

——面向社会学习（社交模式）、重视整合方法（整合模式）、培养问题意识（问题模式）、经历真实过程（经历模式）。

要把上述"可能"的模式转化为实践中"可行"、"可信"的模式，这需要广大教师在教学实践中去建构、去创新、去拓展。这必然是一个较长的建构过程。这就更显出研究"学科教学建模"的必要性、迫切性和重要性。

总结上面的论述，又可给出如下三个框图。

从"原型"出发，建构模式的过程是：

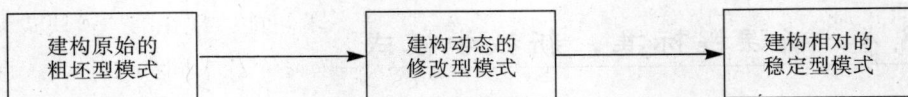

建构原始的粗坯型模式 → 建构动态的修改型模式 → 建构相对的稳定型模式

从"问题"出发，建构模式的过程是：

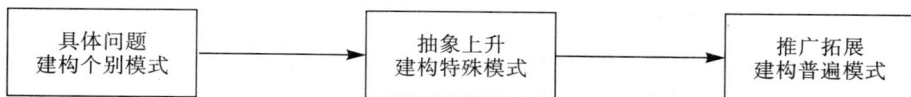

| 具体问题
建构个别模式 | → | 抽象上升
建构特殊模式 | → | 推广拓展
建构普遍模式 |

从"理论"出发，建构模式的过程是：

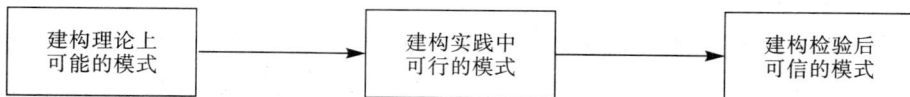

| 建构理论上
可能的模式 | → | 建构实践中
可行的模式 | → | 建构检验后
可信的模式 |

8.5　教学建模：理念操作化

8.5.1　模块式课程与建模式教学

（1）新课程标准下，课程的特点是：资源选择，模块式课程

在新课程标准下，编写了多套教材，经国家审定后出版。这些新教材为教师和学生的教和学提供教育资源，师生有选择的权利。这些新课程大多采用"模块式课程"，正是为了供师生选择。这已不同于计划经济下的教学大纲和统编教材。原来的教学大纲和统编教材具有极大的权威性，教学中必须遵循，不得违背，有类似"法律"的性质。在市场经济下的课程标准和多种教材，只是为教学活动提供教育资源，没有原来那样"权威"，是提供选择。这给师生在教学中发挥自己的主体性提供了充分的可能。现在的"模块式课程"本身，从内容上有了多种模式，这就要求教师针对不同的"模块式课程"，自己建构不同的教学模式。教学建模的内容本身也有四大组成部分：模式名称，要反映教学方法的主题；操作程序，要展示教学的环节；主要特征，要呈现教学的情感态度；适用范围，要表明教学模式的社会属性。针对课程，建构的教学模式理应包括模式名称、操作程序、主要特征、适用范围

这四大内容。

（2）新课程标准下，教法的特点是：组合创新，建模式教学

随着"知识经济"的发展和"信息化社会"的来临，大规模定做生产（Mass Customization）将取代单一的机器大生产。这种生产方式的特点是：能大规模生产不同的产品，是柔性的生产线，产品多种多样，有差异。主要的方法是应用各种模式的迅速组合进行生产。这种生产方式不仅高效率、高质量，而且更重要的是能满足不同顾客的需要。有鉴于此，我认为与这种生产方式相对应的教学方式应当是"建模式教学"，就是教师根据学生实际和教学资源，建构多种教学模式，以满足不同个性、不同发展方向的学生的要求。"建模式教学"将取代任何一种统一的"单一教学模式"的教学。"建模式教学"的特点是：教学内容相对统一，但又有差异，教学资源多样，师生有选择的余地。当前《基础教育课程改革纲要（试行）》提出："改革课程管理过于集中的状况，实行国家、地方、学校三级课程管理，增强课程对地方、学校及学生的适应性。"（《教育部文件》教基［2001］17号附件）将来这种既有"国本教材"又有"地本教材"和"校本教材"的格局，必然要求多种模式的教学方法，即"建模式教学"。这种教学方式要求考虑师生的个性特点，能够组合和建构多种模式进行教学，学生也可自选教学模式。

（3）新课程标准下，教学建模的意义在于：理念操作化，因材施教

"模式"是"理论"和"实践"的中介。一方面，教学建模可以帮助教师从教学实践上升到较高的理论水平；另一方面，可以使"理论"转化为具体的、可操作的实践。新的课程标准有好的理念，更需要有好的策略；有好的概念，更需要有好的操作；有好的信念，更需要有好的措施。教学建模是一个动态发展过程，有助于教学理念具体化、可操作。掌握这种教学建模方法，有利于因材施教，提高教学质量。教学有法，但无定法，贵在得法；无法之法，乃为至法。《说文解字》中写道："模，法也。"教学建模是一种重要的方法，我在《教育建模》一书中对称地说："教学有模，但无定模，贵在得模；无模之模，乃为至模。"说具体些就是：教学需要建构模式，但是没有唯一的、万能的教学模式，贵在根据具体情况（学生实际、教材特点、

教学内容、教学环境等）建构相适应的教学模式；没有一种固定不变的模式，就是最好的模式。建构一种教学模式，最终是为了超越这种教学模式，教学建模是一个动态的过程。

（4）多样化的教学建模才可能使我们的教学生动、主动、丰富、活泼

许多教师赞成建构教学模式，也有一些教师反对和拒绝教学建模。如果是反对和拒绝单一的、僵化的教学模式，这是对的；如果是反对和拒绝建构多样化的教学模式，这就失之偏颇。因为认识起源于活动，人通过活动就在脑内建构起相应的"图式"，这个"图式"的"外化"就是"模式"。"实物模式"是客观实物的相似模拟，"数学模式"是真实世界的抽象描写，"图像模式"和"语义模式"是思想观念的形象显示。"教学模式"则是对教学过程的简要概括，常用语言和图像来概括。既然脑内的"图式"是客观存在的，它的外化表现出的"模式"也有其客观基础。建模作为一种方法是不能否定的，也是否定不了的。建构教学模式有利于教师找到自己教学的特点、教学的风格，有利于教师总结教学经验，提升教学实践。说得更极端一些，反对教学建模本身，也还是一种"模式"。"模式"、"建模"都是中性的词，自身不能表示"好"、"中"、"差"。"模式"和"建模"的"好"、"中"、"差"只能由实践来检验。实践证明，某种教学模式好，大家就择而从之；实践证明，某种教学模式差，就加以改进，或另外建构新的教学模式。教学建模是一种综合性方法，是许多方法的"集成"。

8.5.2　从强调"双基"到强调"四基"

（1）过去的教学大纲和统编教材强调"双基"

从 20 世纪 50 年代起，中国的中小学教育，每一学科都有教学大纲和相应的统编教材。这些教学大纲和统编教材都强调"双基"：基本知识和基本技能。这无疑是正确的。在教学中"基本知识"是突出掌握知识要点，"基本技能"则是重视技能训练。"基本知识"的教学主要采用"赫尔巴特式的五段教学模式"：预备、提示、联合、统合、应用，及其变种"凯洛夫的五段教学模式"：组织教学、复习旧课、讲解新课、巩固练习、布置作业。"基本技能"的教学主要采用反复训练的办法，应用"行为主义"的公式："刺

激—反应"，建立条件反射，从而形成技能。在强调"双基"的年代，虽然自上而下提倡的教学模式较为单一，但是广大教师在教学中仍有许多创造。优秀的教师不仅重视"基本知识"、"基本技能"，同时，也重视"基本态度"、"基本方法"，所以培养出许多较为全面发展的各类人才。说过去的教学都不行，这不符合实际。

（2）现在的课程标准和多种教材强调"四基"

我们必须看到，仅仅强调"双基"是不够的，这容易导致忽视"情感、态度和价值观"，忽视"过程与方法"。正如教育部颁发的《基础教育课程改革纲要（试行）》所指出的：过去的课程"过于注重知识传授"，"过于强调学科本位"，"过于注重书本知识"，"过于强调接受学习、死记硬背、机械训练"。国家课程标准的"基本要求"则是："知识与技能，过程与方法，情感、态度与价值观。"过去的教学大纲和统编教材是强调"双基"的"二维模式"；现在的课程标准和多种教材则是强调"四基"的"四维模式"。这"四基"是：基本知识、基本技能、基本态度（包括"情感、态度与价值观"）、基本方法（包括"过程与方法"）。"四维模式"包容了"二维模式"，而不是完全否定"二维模式"。过去教学中行之有效的方法仍然有效。在纠正过去的"过于"时，也不要"过于"了。新课程标准和多种教材是对旧教学大纲和统编教材的扬弃，是包容的发展，而不是全盘否定，不是要彻底转变。但是必须看到，新课程标准背景的教学模式比之过去是丰富多了，要求教学必须与时俱进。

新课程标准的"四维模式"可用图 8-1 表示：

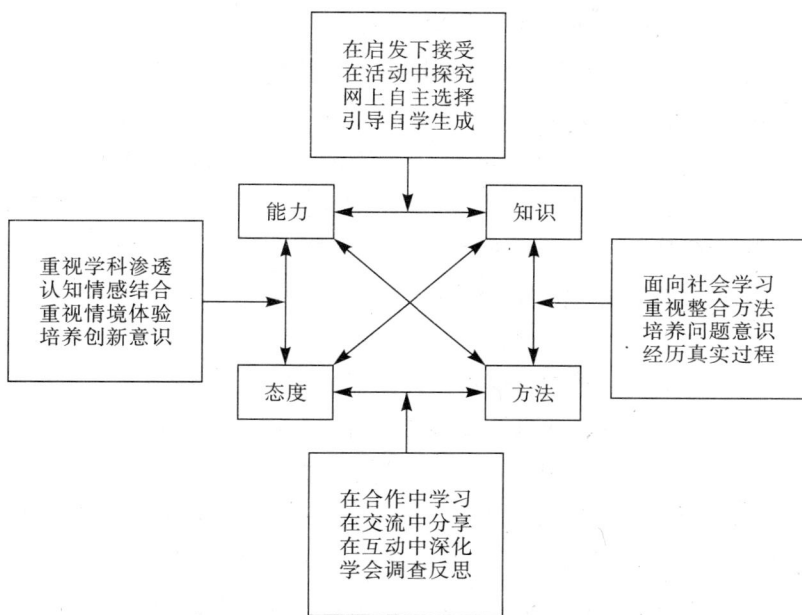

图 8-1 新课程标准的"四维模式"

（3）根据新课程标准的"四维模式"，可以演绎出多种多样的教学模式

我在《新教学模式之建构》一书中，将与新课程标准相适应的新教学模式用语言表述下列 4 种类型：①既能传授知识，又能发展能力的教学模式：在启发下接受（启发模式）、在活动中探究（探究模式）、网上自主选择（选择模式）、引导自学生成（自学模式）；②既能促进能力，又能发展情感、态度的教学模式：重视学科渗透（渗透模式）、认知情感结合（情知模式）、重视情境体验（体验模式）、培养创新意识（创新模式）；③既能发展情感态度，又能掌握过程与方法的教学模式：在合作中学习（合作模式）、在交流中分享（交流模式）、在互动中深化（互动模式）、学会调查反思（反思模式）；④既能传授知识，又能掌握过程与方法的教学模式：面向社会学习（社交模式）、融合多种方法（融合模式）、培养问题意识（问题模式）、经历真实过程（过程模式）。

8.5.3 从"思维模式"看"教学模式"

（1）思维模式的分类为新课程标准的"四维模式"提供了理论支持

课程和教材的"四维模式"优越于"二维模式"，因为"四维模式"更有利于人的全面发展，更有利于全面开发人的思维。我将思维模式与课程分类、方法模式、学习模式、教学模式、智能模式、气质类型、神经活动类型、全脑模型等分类，进行系统分析、来回调试，进行尝试性归纳和探索性演绎，最后将思维模式分为四大类：逻辑型（A）、操作型（B）、艺术型（C）、交往型（D）。（参见《教育研究》2004 年第 1 期）逻辑思维（A）的特点是：人应用语言、数学、逻辑（包括形式逻辑、辩证逻辑、数理逻辑）等文字、数字、符号等，通过抽象概念去解决问题；操作思维（B）的特点是：人应用实物、仪器、机器等，通过动手操作去解决问题；艺术思维（C）的特点是：人应用图像、音乐、模型等，通过体验到的形象去解决问题；交往思维（D）的特点是：人与人之间应用调查、统计、讨论等，通过交流、互动、反思去解决问题。这四大类解决问题的思维模式，恰恰是对应于新课程标准"四维模式"中的"四基"：基本知识、基本技能、基本态度、基本方法。

（2）从四类思维模式去分析新课程标准以及新编教材是有启发性的

举例来说，语文学科应是经典的语文（逻辑性）、实用的语文（工具性）、审美的语文（人文性）、交往的语文（社会性）这四大类型的整合，数学学科应是形式的数学（逻辑性）、操作的数学（工具性）、直觉的数学（艺术性）、传播的数学（社会性）这四大类型的整合，英语学科应是语法的英语（逻辑性）、实用的英语（工具性）、欣赏的英语（人文性）、交际的英语（社会性）这四大类型的整合，科学学科应是融合的科学（逻辑性）、探究的科学（操作性）、有趣的科学（艺术性）、发展的科学（社会性）这四大类型的整合，物理学科应是理论的物理（逻辑性）、实验的物理（操作性）、审美的物理（艺术性）、生活的物理（社会性）这四大类型的整合。综上分析可知，思维模式与课程模式是相关的，由此也就决定了教学模式也有相应的四大类型。

（3）思维模式的类型决定了教学模式的类型及其建模的内容

人的思维模式本身就有四大类型，要全面开发人的思维能力，促进人的全面发展，我们的课程设计以及教学模式就有了与其相应的四大类型：重视知识传授的"逻辑型"的教学模式（A型教学模式），例如认知模式；重视技能训练的"操作型"教学模式（B型教学模式），例如行为模式；重视情感态度的"艺术型"教学模式（C型教学模式），例如情感模式；重视过程方法的"交往型"教学模式（D型教学模式），例如群体模式。经过多年的潜心研究，我建构了以下五种较为普遍的教学模式："启发—创新"教学模式（A型）；"交流—互动"教学模式（B型）；"审美—立美"教学模式（C型）；"调查—反思"教学模式（D型），以及综合型的"整体—融合"教学模式。我们可以按照思维模式的分类来进一步理解教学建模的四部分：①要按照逻辑型思维，确定教学模式的名称；②要按照操作型思维，确定教学模式的程序（环节）；③要按照艺术型思维，确定教学模式的特征；④要按照交往型思维，确定教学模式的适用范围。这样看来，教学建模本身也是"四维模式"。

（4）建构多种多样的教学模式，是教学的实际需要

在每一学科具体的教学中，由于学生实际不同，需要建构不同的教学模式。由于选择教学的"课型"不同，例如绪论课、概念课、原理课、实践课、练习课、表演课、鉴赏课、讨论课、辩论课、评价课、复习课、测验课等等，教学模式显然会不一样。即使同一学科，因具体的教学内容不同，例如语文课中的散文、戏剧、诗歌、小说，其建构的教学模式也是不同的。由于教学环境和条件不同，也要选择和建构不同的教学模式。我在全国范围内组织编写了一套"学科教学建模丛书"，已出版了9本，平均每一学科的具体的教学模式约30种。只有通过多样化的教学建模，我们的教学才可能生动、主动、适宜、实用。这些教学模式对各学科的教学都很有启发性，可供广大教师参考。参考的目的是促进每一位教师自主建构自己认为很好的教学模式。教师要在自己建构教学模式中学会建构教学模式。这将有利于提高教师总结教学经验的能力，提高教师发现自己教学特点的能力，促进教师传播

自己的教学艺术和技术的能力。一句话，有利于教师专业化水平的提高，何乐而不为呢？

8.6 案例：初中数学的"四象限"教学模式

成都市蒲江县寿安中学，承担了成都市"十五"教育科研课题"农村初中数学课堂教学中充分发挥学生主体性的策略研究"。经过三年的研究，完成了研究报告、工作报告、调查报告以及一系列个案分析，效果显著：教师的专业化水平和研究水平大大提高，学生学习数学的积极性和主动性大大提高，数学教学质量大面积、大幅度提升。看了他们的全部报告后，我总的感受是：认真、得法；总的评价是：一项符合新课程标准的优秀的教学科研成果，值得大面积推广；一句话的鉴定是：为新课程改革的理念提供了一个可操作的教学模式。

他们在《研究报告》中写道：

在农村初中数学课堂教学中，结合农村学生的认知水平、生理和心理的特点设计教案、多次试教、认真评课、及时总结，归纳出农村初中数学课堂教学中充分发挥学生主体性的策略：激趣定向（目的激趣、悬念激趣、变式激趣、审美激趣）——构建平台（低起点、小坡度、密台阶）——合作学习（自主探究、小组研讨、师生互动）——评价强化（学生自测、学生互评、教师激励），建立了新的教学方式，促进了学生学习方式的变革，极大地调动了学生在数学课堂学习中的积极性和主动性，使不同层次的学生都得到充分的发展。

我将他们的研究成果应用教学模式建构的方法表述为"初中数学的'四象限'教学模式"，这是全面提高初中数学教学质量的有效策略。我借用法国数学家笛卡儿提出的坐标系。在一平面坐标系里，x轴和y轴将平面分成了四个象限，我用这四象限来形象表示寿安中学的教学模式。第一象限里，放有关逻辑的内容；第二象限里，放有关操作的内容；第三象限里，放有关情感的内容；第四象限里，放有关交往的内容。应用图像对应的方法比较直观，易于理解和掌握。

过去的教学大纲强调"双基"：基本知识、基本技能，这分别放在第一象限和第二象限，是逻辑和操作。过去好的教师决不是就"双基"教"双基"，同样是重视激发兴趣（情感）以及师生互动（交往）。但是，不少教师的方法单一：基本知识就只重讲解，基本技能就只重训练，缺少了重视情感、态度与价值观缺少了重视过程与方法。

21 世纪一开始，国家课程标准的"基本要求"中就正式提出"知识与技能，过程与方法，情感、态度与价值观"都是不可或缺的，要同样予以重视。因而新的课程标准不同于过去的教学大纲，不仅是强调"双基"，而是强调"四基"：基本知识、基本技能、基本态度（包括"情感、态度与价值观"）、基本方法（包括过程与方法）。过程与方法只有在交往中才能够实现。故有如图 8-2 和图 8-3 的两个图像。（参见查有梁：《新教学模式之建构》，广西教育出版社 2003 年版）

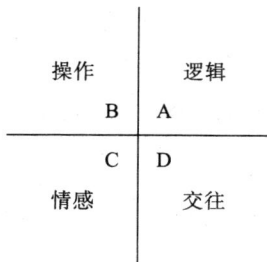

操作	逻辑
B	A
C	D
情感	交往

图 8-2 思维的四大类型

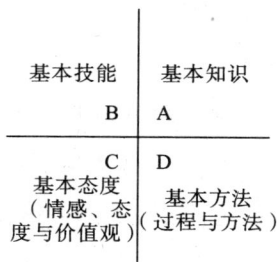

基本技能	基本知识
B	A
C	D
基本态度（情感、态度与价值观）	基本方法（过程与方法）

图 8-3 新课程标准的"四基"

寿安中学的研究成果覆盖了四个象限，他们认为，数学教学首先要激趣定向，情感投入，包括目的激趣、悬念激趣、变式激趣、审美激趣等等，并不是一上数学课就讲概念、法则，而是首先激发兴趣，动之以情。然后才是构建平台，由浅入深，包括低起点、小坡度、密台阶等策略。同时，必须有学生的自主探究、合作学习，包括独立思考、小组研讨、师生互动。最后是积极评价，重在鼓励，包括学生自测、学生互评、教师激励。可用图像表示如下：

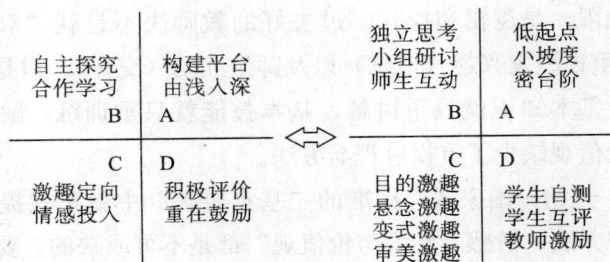

自主探究 合作学习 B	构建平台 由浅入深 A	独立思考 小组研讨 师生互动 B	低起点 小坡度 密台阶 A
C 激趣定向 情感投入	D 积极评价 重在鼓励	C 目的激趣 悬念激趣 变式激趣 审美激趣	D 学生自测 学生互评 教师激励

⇔

图 8-4　寿安中学的"四象限"教学模式

"四象限"教学模式的基本过程有以下几种：

其一，$C \rightarrow A \rightarrow B \rightarrow D$，对于较深的内容，宜于教师先引导，学生再思考。

其二，$C \rightarrow B \rightarrow A \rightarrow D$，对于一般的内容，宜于学生先尝试，教师再指点。

其三，$C \rightarrow A$ 和 $B \rightarrow D$，其中，教师的引导和学生的探究同时并行，教师可以分组指导，有差异地指点学生。

其四，$B \rightarrow C \rightarrow A \rightarrow D$，数学的练习课、讨论课，可以首先让学生自主探究，合作学习，且时间应当较长，然后教师再作激趣，引导。

其五，$D \rightarrow C \rightarrow A \rightarrow B$，数学的复习课、评卷课，可以先将一个单元的数学练习和试卷进行自测、自评，在此基础上，教师再作有针对性的点评。

其六，C是激趣定向，情感投入，可以是相对集中的，但时间不宜过长；也可以是分散的，随机进行。在四个象限里都能激发兴趣：以疑促趣（A），以用促趣（B），以情促趣（C），以交促趣（D）。激发学习兴趣，要贯穿在教学的始终，而不是仅仅在引入课题时激发兴趣。

总之，A、B、C、D的顺序，既要有较为固定的程式，又要灵活多变地处理，要建构多种多样的子模式，以便随机应变。建构模式是为了超越模式，不要搞死板了，不要作茧自缚。

将图8-2、图8-3、图8-4进行比较，则可以看到寿安中学建构的数学"四象限"教学模式符合新课程标准的精神，同时覆盖了思维的四大类型，有利于开发学生的智能，提高思维能力。坚持应用"四象限"教学模式，学生不仅能学好数学，而且能超越数学本身，获得整体科学文化素质的提升。

数学的"四象限"教学模式对于教学评价也有"四看策略"：一看课堂氛围。教师是否激发起了学生的学习兴趣，包括学习节奏、学习情趣、调控措施。二看思维引导。教师是否能由具体到抽象，由简单到复杂，由浅入深，引导学生积极思维，包括知识技能、实践创新、学法指导。三看活动探究。学生是否主动参与，在自己独立思考的基础上，认真进行小组探究，包括活动形式、参与程度、合作态度。四看过程方法。学生是否通过数学知识的学习过程，理解和掌握更为一般的思想方法，包括经历过程、自我反思、掌握方法。用图像表示为：

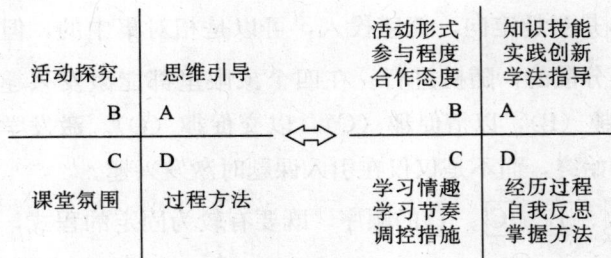

图 8-5　寿安中学的"四象限"教学评价模式

　　我认为，教学评价应当力求简化，不要人为地搞复杂了。上述四个方面，师生"比较满意"和"满意"即是优良了。对某一方面"不满意"或"很不满意"，则应总结经验教训，及时改进。

　　一般公认的教学模式有四大类：认知模式、行为模式、情感模式、群体模式。我研究学习模式，也得出相应的四大类：启发接受、活动探究、形象体验、合作交流。用图像表示为：（参看查有梁：《教育建模》第三版，广西教育出版社 2003 年版）

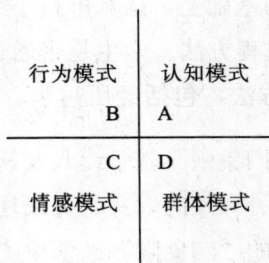

图 8-6　四大"教学模式"

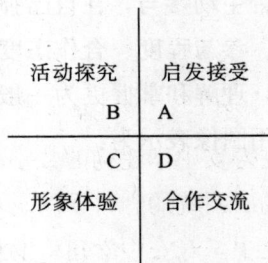

图 8-7　四大"学习模式"

　　将图 8-4、图 8-5、图 8-6、图 8-7 进行比较可知，寿安中学的"四象限"教学模式是一种综合的教学模式，它包容了四大类教学模式和学习模式的优点，故能取得成功。这就能从理论高度上认识寿安中学的"四象限"教学模式有效和优越的内在原因。认识到这一点，教学就会获得灵感。掌握了"四象限"方法，就可举一反三，一通百通。

寿安中学完成的教育科研课题名为"农村初中数学课堂教学中充分发挥学生主体性的策略研究"。他们将"策略"界定为："课题中的'策略'是教学法设计的有机组成部分，是在特定数学情境中，完成教学目标和适应学生认知需要而制订的程序计划和实施措施。它既包含解决某一实际问题的教学理论，又包含解决某一实际问题带有规律性的教学方法。"

我将他们的策略转化为模式，两者其实是相通的：大的策略要包含许多模式，大的模式要包含许多策略，策略和模式可以相互转化。策略与模式也有微小区别：策略可以一一罗列出来；模式则必须将这些策略形成一个结构，并且要指出这些策略的逻辑顺序，即要指出策略实施的过程。A，B，C，D都可以分别称为策略，但是A，B，C，D的内在结构和外在结构以及实施的程序，即教学环节的顺序，则是建构模式所必需的。

A，B，C，D虽然分别代表逻辑、操作、情感、交往，但不是截然分割的，而是我中有你，你中有我。在教学中要注意：A是逻辑思考，要贯穿始终；B是参与探究，要贯穿始终；C是情感投入，要贯穿始终；D是交流鼓励，要贯穿始终。贯穿始终的意思是：A，B，C，D并不是截然分割的，而是交叉渗透的。灵活地将A，B，C，D整体融合起来，这样的数学教学才能使学生发挥主体性，树立信心，体验愉悦，掌握知识，提高素质。

将图8-2、图8-3、图8-4、图8-5、图8-6、图8-7进行比较，可以看到成都市蒲江县寿安中学建构的数学教学的"四象限"教学模式及其教学评价模式是全面的、系统的、科学的、可操作的、有效的，并且可以迁移到其他的学科教学之中。寿安中学建构的初中数学的"四象限"教学模式，是全面提高初中数学教学质量的有效策略和途径。

希望寿安中学的教师们在"四象限"教学模式的基础上，因材施教地建构一系列相关的教学子模式，不断丰富"四象限"教学模式。方向已经清楚，方法已经明确，认真地去实践，教学质量必将大大提高。

寿安中学的教育科研成果功德无量。我由衷地为农村的孩子们高兴，我由衷地为农村的教师们自豪。

8.7 案例：发扬诗教功能

"诗教"是中华传统文化的精华。湖南第一师范的冯铁山教授等学者探索"新诗进课堂"，进而又组织编写《诗意语文学本》，这是中华"诗教"的与时俱进，是在继承传统文化精华基础上的创新。发扬诗教之功能，建构诗意之人生，这是在建设和谐社会中语文教学应当选择的途径。

8.7.1 诗可以"兴观群怨"

大家知道，孔子是当今全人类公认的教育家、思想家。在中国，他首创私学，成为中国的第一位职业教师。他开设的课程有六门。第一门课程就是《诗》，一共有305篇，又称《诗三百》，后人称为《诗经》。孔子高度评价《诗经》的伦理道德价值。子曰："《诗》三百，一言以蔽之，'思无邪'。"（《论语·为政篇第二》）即孔子认为《诗经》三百篇，可以用一句话来概括，那就是：思想纯正。思想纯正，才可以通过"诗教"，以德育人。

孔子对学诗的价值和功能认识相当完整。子曰："小子何莫学夫诗？诗可以兴，可以观，可以群，可以怨。迩之事父，远之事君，多识于鸟兽草木之名。"（《论语·阳货篇第十七》）

上面这段话表述为现代文即是："学生们为什么不学诗呢？学诗，可以培养想象力，可以提高观察力，可以养成合群的性格，可以学讽刺与幽默。近则可以应用诗中的道理事奉父母，远则可以应用诗中的道理服侍君长，而且还可以多认识一些鸟兽草木的名称，学些自然知识。"

孔子认为，学诗对个人而言，有内在的四大功能："兴观群怨"。将"兴观群怨"融合为整体，即是学诗可以提高人的想象力、观察力、感染力、凝聚力，使人有志趣、善洞察、能合群、有智慧（幽默是智慧）。同时，学诗还有两大外在功能：侍奉父母，服务他人；了解自然，增长知识。就是说学诗既可使你回归生活，学会做事，学会做人；又可使你关爱自然，学会学习，增长见识。学诗对学习社会科学和自然科学都有积极意义，学诗有利于培养学生的创新精神和实践能力。

当代的学生，从上学开始就应当系统地接受"诗教"。根据学生年龄、生理、心理的特点，选择适合的诗歌，在教师引导下，主动地学习，实在是太有必要了。

《诗意语文学本》的小学第一册中，就学习了以下这些"诗句"：

"让我们静静地听，听花开的声音。"
"小风把花朵的梦，吹开一条缝。"
"阳光在窗外站着，赶快把窗子打开。"
"让我剪一缕阳光，心里永远像白天一样亮。"

这些诗句很适合六七岁的儿童，能够激发他们学习语文的兴趣，使他们学好语文。

我的亲身经历和感受可以作为诗教巨大功能的一个佐证。1956年，我进入成都石室中学读高中。当时的课程改革要求高中学"文学"。按文学史的顺序，从"诗经"、"楚辞"、"汉乐府"、"唐诗"、"宋词"、"元曲"中选择名篇来学习。这一学年"文学"的学习，大部分是学诗歌。我的语文鉴赏、阅读和写作能力得到很大提高。四十年过去了，我认为这一年"文学"的学习终身受益。这是我从小学到高中12年语文学习中受益最大的一年。学习"文学"的过程中，当然有难度，很有挑战性，能激发所有学生学习的主动性和积极性。

1964年，我的二弟初中毕业，动员上山下乡，到了西昌的农村插队。他带去了我高中的"文学"课本，自学"文学"。他的语文水平得到较大提高。回成都后，他当过教师，当过干部，而且经过自学考试获得了大学文凭。他说，我给他的高中"文学"课本，真是太好了！

每个人都有自己独特的"诗观"。"诗观"就是对诗的个人看法。我的"诗观"是：诗的功能有四点：①净化心灵。诗，用真善美充实人生，提升感情。②珍惜生命。诗，使你度过的时间空间很有意义。③纯洁语言。诗，以最少的文字，表达最多的思想。④学会创新。诗，让你捕获灵感，发现诗眼，层出不穷，变化万端。

8.7.2 "不学诗，无以言"

孔子对他的儿子简洁地说："不学诗，无以言。"（《论语·季氏篇第十六》）孔子教育他的儿子要学诗，因为不学诗就不会说话。

学语文与学外文在方法上是一样的，必须"听说读写"四者整合。"不学诗，无以言"就是说：不学诗不仅直接影响"听说"的水平，而且直接影响"读写"的水平。因为要真正提高语文水平，听说读写不可分割。

"不学诗，无以言"的现代释义是：不学诗歌，就学不好语文。

学习语文的关键方法是什么？是阅读。学习科学的关键方法是探究。学习技术的关键方法是设计。用探究和设计的方法来学习语文，就是"文不对题"。阅读才是学习语文的有效方法。

对小学生、中学生而言，读什么最好？读诗最好。

为什么读诗最好？因为诗是语言的艺术，诗是传播的艺术；诗是语文的灵魂，诗是文学的灵魂。

（1）诗是语言的艺术

语言具有抽象性，需要逻辑思维；而艺术具有直觉性，需要形象思维。学诗，既有利于提高逻辑思维能力，同时又有利于提高形象思维能力。诗要使用语言，这就必然存在一定的逻辑性；诗要传播情感，这就必有一定意境。读诗写诗，既要用左脑，又要用右脑。诗将理性与情感整合在一起，有利于开发儿童的智能。

（2）诗是传播的艺术

每个人在生活中都有情感体验，都有顿悟发现。将这些情感体验、顿悟发现用语言表述出来就是诗。写了诗，其目的是为了传播，让他人产生共鸣，获得知心。心有灵犀一点通。诗是语言的艺术，语言是为了交流。诗，既可以用口头语言交流，更可以用书面语言传播，让更多的人分享创新的成果。诗是传播的艺术。

（3）诗是语文的灵魂

语文包括了语言和文字。汉语言文字是世界上历史最悠久、使用最广泛的语言文字之一。当今世界上每五个人中就有一人使用汉语；使用英语的虽然多，但也不过七个人中才有一人使用英语。就其时间和空间看，汉语仍是世界第一。为什么汉语有如此强大的生命力？因为汉语言文字本身就是诗化的语言文字。汉语言文字的特点是：①表意文字为主，则十分形象。中国文字的象征表意，使汉语有独特的审美效果，适合诗的表达方式。②单文独义，一字一音，则使用灵活，音节鲜明。中国诗歌的音节变化有自己独特的规则，外观整齐对称，形成多种多样的格律。③区别"四声"，则易于押韵。利用四声变化，形成抑扬顿挫、节奏鲜明的艺术效果。由此可见，诗是语文的灵魂，特别是我们的汉语言文字，它固有的特色，决定了汉语言文字的灵魂是诗。

（4）诗是文学的灵魂

文学的体裁虽然众多，但是中外文学都认同有四大类：诗歌、散文、小说、戏剧。有人说"诗歌是文学中的文学"。说明了诗在文学中的地位。诗歌的突出特点是：形象性、含蓄性、音乐性、抒情性。诗歌的语言要比一般口语和散文语言更生动，更凝练，更含蓄；节奏鲜明，音调铿锵，语言流畅；有独特个性和感情色彩。这些特点都使得人人喜爱诗歌。在散文、小说、戏剧中，都可以融进诗歌。诗是文学的灵魂。

当今语文教学存在的问题是趣味少、效率低。学生从小学算起到高中毕业，学了12年，上课达数千节。在高中毕业生中，仍有相当的学生语文水平不高，表现为语无伦次，言不尽意，文风不佳，学无后劲。

这个概括可能有些夸张，但也接近部分生活现实。

为什么语文教学的效果如此不佳呢？

这不能责怪教师，也不能责备学生。重要的原因之一是：在语文教材和教学中，由于受整个社会大环境的影响，特别是经济"全球一体化"的冲击，文学被边缘化，诗歌被冷落化，艺术被功利化，情感被世俗化。

这个归因可能有点偏激，但也许有部分真理。

语文课程的内容和方法需要改革。新课程改革的目标就是要解决语文教学"趣味少，效率低"的问题。

《诗意语文学本》的编写，就正是突出了诗是语言的艺术，诗是传播的艺术；诗是语文的灵魂，诗是文学的灵魂。《诗意语文学本》并非要代替当前正在进行改革的语文教材，而是提供校本课程的选择，给小学生、中学生的阅读以指引，使学生面对浩如烟海的中外诗作，学会如何选择，如何阅读，如何吟诵，如何模仿，如何鉴赏，如何写作，如何评改，如何创新。

学语文要"听说读写"四结合。其中，学诗歌则要"模创评改"四结合，将模仿、创新、评论、修改整合起来。这是"听说读写"的具体化和深化。

8.7.3 "兴于诗，立于礼，成于乐"

孔子还从更宽广、更深刻的视野，论述诗教的功能。子曰："兴于诗，立于礼，成于乐。"（《论语·泰伯篇第八》）历代对这句话的解释，多少有差异，但大同而小异。主要意思是：学诗可以激发兴趣，振奋精神；习礼可以求得自立，适应社会；音乐可以开启智慧，促进成功。在孔子编写和教授《诗经》的时代，诗歌、音乐、舞蹈三者是紧密结合的，是综合艺术。汉代的人在《毛诗序》中写道：

> 诗者，志之所之也，在心为志，发言为诗。情动于中而形于言，言之不足故嗟叹之，嗟叹之不足故永歌之，永歌之不足，不知手之舞之，足之蹈之也。

诗、乐、舞整合，与中国传统文化强调诗、书、画一体，都是重视系统整体功能的表现，而非只注重单个元素的功能。中国古人早就体会到："整体功能大于部分功能之和。"诗、乐、舞整合上"礼"，是进行德育的好方式。诗、书、画整合上"礼"，同样是道德交往的好方式。以"诗"带动的综合艺术，有利每一个中国人建构诗意人生。

儿童们写的诗，常常称之为童谣。我读了童谣的感受是：

童谣好

童真童趣，如山如水；

仁者乐山，智者乐水。

童心童言，如诗如画；

画中有诗，诗中有画。

童声童韵，如歌如舞；

快乐游戏，载歌载舞。

童谣童话，如河如海；

小河流淌，大海宽广。

小学生和中学生，天性就喜欢诗、乐、舞；同时，学生们又喜爱诗、书、画。我认为，中国传统文化的最高境界正是人人都是诗人，诗教贯通终身。为此，我们必须发扬诗教功能，建构诗意人生。

毛泽东在湖南第一师范读书时，受到良好的"诗教"；而毛泽东的一生，正是典型的"诗意人生"。

诗是"真善美"的统一，诗伴随着人的一生，这真是一个理想境界啊！有人说，"刚刚出生婴儿的第一次哭声，决不是一首诗。"我可以补充一句，"但是，在他（她）的妈妈听起来却是最美妙的诗。"

2006年10月11日，我应邀在四川师范大学为新生讲演，题目是《求学与做人》。讲完后，同学们提问，一个大学新生递上一张纸条，上面写道：

小时候，我喜欢看功夫片，所以我想当影星。

初中时，我喜欢踢球、看球，所以我想当球星。

高中时，我喜欢听歌、唱歌，所以我想当歌星。

现在，我只想当流星，因为我什么也不喜欢。

请问，如何解决我现在的心理问题？

我的回答是：你的提问就是一首诗，很有幽默感，没有什么心理问题。

"诗教"应该是终身的。小学生必须打好基础。小学生"诗教"的方式，我认为其基本程序是："熟读之，背诵之，交流之，领悟之，创新之。"这是"小学之序"；对于成人而言，则可采用《中庸》提出的方式："博学之，审问之，慎思之，明辨之，笃行之。"这是"大学之序"。

"小学之序"重在打好基础，这是有理论根据的，因为开卷方能有益，熟读方能精思；感知方能入门，背诵方能入深；交流方能理解，乐学方能发奋；渗透方能领悟，整合方能创新。

（1）开卷方能有益，熟读方能精思

精选的诗歌，节奏如流水，有优美的韵律；中国文字，字字如青松，有多变的造型。熟读诗歌，如听音乐，如看图画，在轻松愉快中就掌握了汉字和中文的精华。我们为什么不选择这种好方法呢？

（2）感知方能入门，背诵方能入深

开卷熟读，这是感知，从而入门；进而达到背诵水平，才便于应用、交流，才能进一步引人入深。背诵诗歌能促进儿童生动地学习，这是符合儿童认识水平的方法之一。儿童背诵诗歌是接受珍贵礼物，而不是沉重负担。

（3）交流方能理解，乐学方能发奋

学诗要彼此交流看法，发现不同的审美视点，从而学会如何去捕捉"诗眼"，激发出灵感，一起推敲用语，探讨全诗的结构。奇诗共欣赏，疑义相与析。读诗评诗写诗，很生动，有乐趣，不枯燥，可以促使学生发奋读书。

（4）渗透方能领悟，整合方能创新

学诗在兴趣、背诵的基础上需要"跃迁"，不必按部就班。"渗透跃迁，从创中学"很重要。小学生以自己独特的眼光观察世界，观察生活，可以写出好的诗。敢于跃迁，才能创新。小学生经过模仿、内化、审美、综合、应用，完全能达到创新的水平。

成都市祝国寺小学的杨成敏小同学，写了一首题为《月亮婆婆》的诗：

月亮婆婆喜欢我，
我到哪里她跟着。

我到月下去洗脸，
她进水盆亲亲我。

这首诗难道没有创新吗？学生们喜欢通过学习诗歌来学习语文，我们就通过"诗教"来提高学生们学习语文的兴趣和能力，这不正体现了"以人为本"吗？

我积极推荐《诗意语文学本》，以上三条理由都是中国"诗教"的"太老师"孔子说过的啊！

8.8　课堂教学审美设计

8.8.1　什么是课堂教学设计

要理解课堂教学设计，必须先理解"教学"、"课堂教学"、"设计"，然后才能认识课堂教学设计的内涵。

通常将"教学"定义为：教师的教和学生的学的共同活动。《中国大百科全书》就是这样定义的，并进一步指出：教学是"学生在教师有目的、有计划的指导下，积极、主动地掌握系统的文化科学基础知识和基本技能，发展能力，增强体质，并形成一定的思想品德"①。这指出了"教学"中一定要关注知识、能力、健康、品德。

夸美纽斯的《大教学论》从理论上奠定了班级教学的教学组织形式。班级教学有课堂教学和现场教学等不同形式，但大多数班级教学都采用课堂教学这种形式。在当代，课堂教学的范围也大大扩展了。狭义的课堂教学是指一个教师面对数十位学生在教室里进行的教学活动。广义的课堂教学包括了中央广播电视大学的直播课堂，这种超越时空的课堂，常常是一位或两位教师，通过信息传播技术，面对数以万计的学生进行教学。显然，我们应当广

---

① 《中国大百科全书·教育》，中国大百科全书出版社1985年版，第150页。

义地理解课堂教学。

夸美纽斯在《大教学论》一书中，开篇的第一句话就写道："它阐明把一切事物教给一切人的全部艺术。"明确地指出"教学"是"艺术"。在"致意读者"中，他再次强调"教学论是指教学的艺术"①。

在当代，"教学是艺术还是科学"成为一个争论的问题，成为《国际教育百科全书》单列的一个条目。② 有人认为：教学是一门艺术，而不是科学，主要因为教学涉及人的情感和价值，大大超出了科学控制的范围。教学是以人们献身于美的创造和唤起审美的乐趣为目的的艺术，同时也是一种有用的、实用的艺术。然而，当认识到教学是有用的、实用的艺术时，就意味着教学也可以用科学方法去求得理解，教学应当有自己的科学基础，这就可以认为：教学也是科学。

从夸美纽斯完成《大教学论》（1632 年）三百多年以来，教学是艺术，为人们普遍认同；教学是科学，不少人质疑。作者在《控制论、信息论、系统论与教育科学》③ 和《系统科学与教育》④ 两书的扉页上写道："教育是科学，又是哲学；教育是技术，又是艺术；不，教育是四者的综合。"教育是培养人的社会活动。教学是教育的一个"子集"，教学又都是教育。

因此，作者上面这句话也可以改成："教学是科学，又是哲学；教学是技术，又是艺术；不，教学是四者的综合。"

（1）教学是科学

从教学的内容看，都是属于广义科学的范畴。广义的科学包括思维科学、自然科学、人文科学、社会科学以及上述科学交叉而形成的综合科学。从教学的方法看，都要应用科学方法：观察与实验、归纳与演绎、分析与综合、定量与定性等等。作者认为，系统科学为教学提供了现代科学的基础。

---

① ［捷］夸美纽斯著，傅任敢译：《大教学论》，人民教育出版社 1985 年版，第 1～3 页。
② 《国际教育百科全书》（第九卷），贵州教育出版社 1991 年版，第 114～115 页。
③ 查有梁著：《控制论、信息论、系统论与教育科学》，四川省社会科学院出版社 1986 年版。
④ 查有梁著：《系统科学与教育》，人民教育出版社 1993 年版。

作者在《中国社会科学》上发表《科学方法与教育理论》[①] 一文，就是试图较全面地论证教育是科学，也即是论证教学是科学。教学是科学，尚需人们继续深入探究。

（2）教学是哲学

教学的内容和方法都与世界观、人生观、价值观紧密联系。每一位教师在教学中总是自觉不自觉地将世界观、人生观、价值观渗透在教学之中。教学总有自己的认识论和方法论。哲学是关于世界观的学问，哲学要研究认识论和方法论。哲学是关于自然界、社会和人类思维及其发展一般规律的学科。教学中不可避免要联系世界观，还有认识论和方法论，因而教学是哲学。这似乎有点深奥，但十分明显。

（3）教学是技术

"技术"包含很多的意义。狭义的技术指人类发明的产品和人工制品，以及这种产品所需的知识体系。广义的技术包括产品、知识、人员、组织、规章制度和社会结构。因特网技术、教育技术都是在广义上理解的技术。教学当然有产品和人工制品：教材、教案、课件（主要指软件）、教具、学具等；教学还有特定的人员、组织、规章制度、社会结构等。教学要使用工具，从简单的粉笔加黑板，到复杂的多媒体。教学是技术，这要求教师要具有一定的专业技能。

（4）教学是艺术

从夸美纽斯发表《大教学论》以来，教学是艺术已获公认。艺术的基础是情感，艺术的哲理是美学。教学的艺术，其基础是教师和学生都要有情感投入；教学要求"真善美"的统一，要求"精气神"的统一。教学过程既有逻辑思维，又有形象思维。教学的美，"它体现着教学与美的统一、教的美与学的美的统一、教学的目的美与手段美的统一、教学内在美与外在美的统一、教学科学美与艺术美的统一、教学美的创造与欣赏的统一。"[②] 教学是

---

① 查有梁：《科学方法与教育理论》，见《中国社会科学》1990 年第 1 期。

② 李如密：《教学美的意蕴探析》，见《课程·教材·教法》2006 年第 2 期。

艺术，这是教学自身内在的。

教学是科学，它有科学美；教学是哲学，它有理性美；教学是技术，它有技术美；教学是艺术，它有艺术美。教学是四者的综合，它有整合美、统一美。教学中的审美和立美是内在的。

科学的研究方法和学习方法，其关键词是"探究"；哲学的研究方法和学习方法，其关键词是"思辨"；技术的研究方法和学习方法，其关键词是"设计"；艺术的研究方法和学习方法，其关键词是"鉴赏"。

由此可见，教学既然是科学、哲学、技术、艺术这四者的综合，那么，教学的研究方法和学习方法就有四个关键词：科学"探究"、哲学"思辨"、技术"设计"、艺术"鉴赏"。

对于"教学"的"四分法"理解，起源于孔子。《论语》中写道："子以四教：文、行、忠、信。"（《论语·述而》）现在可以这样理解："文"指文化知识，学习时重在逻辑；"行"指行为实践，学习时重在操作；"忠"指忠心对人，学习时重在情感；"信"指信约交际，学习时重在交往。

现代教学论建立在现代心理学基础之上。现代心理学也是强调教学有四要素：知、行、情、意。这几乎与孔子的"四教"文、行、忠、信一一对应。

作者应用系统科学方法研究思维模式，得出人的基本思维模式可分为四大类：逻辑型、操作型、艺术型（或称情感型）、交往型。[①]

从上述思维模式分类出发，作者对新课程改革提出一种新的解读。认为在教学中要强调"四基"：基础知识、基本技能、基本态度、基本方法。[②]对于具体的课堂教学而言，上述"四基"决不是平均分配，必须是从实际出发，抓主要矛盾，重发展过程，有审美立美。

"设计"这个词，关联着"技术"。《美国国家技术教育标准：技术学习的内容》中写道："设计被许多人认为是技术开发中的核心的解决问题过程，设计对于技术的重要性，就像探索之于科学，阅读之于语言艺术一样。为了

---

① 查有梁：《论思维模式的分类及其应用》，见《教育研究》2004年第1期。

② 查有梁：《从思维模式看课程改革的价值取向》，见《课程·教材·教法》2005年第10期。

掌握设计过程，除了对实施设计方案以制造一个产品或系统这一过程应当熟悉之外，还需要获得进行一个设计所需要的认知性知识和程序性知识。"[①]

　　课堂教学设计是从"技术"的视角看课堂教学。教学是科学，教师对科学内容的设计，其成品是教材的选择与组合；教学是哲学，应用认识论和方法论对教学中的逻辑结构与教学程序进行设计，其成品是教案和课件（软件）等；教学是技术，教师对教具、学具和情境的设计，有一系列成品；教学是艺术，在教材、教案、课件、教具、学具、情境的设计之中，要充分考虑教材设计之美、教案设计之美、课件设计之美、教具设计之美、学具设计之美、情境设计之美。可见在课堂教学设计中，其课堂教学的审美设计贯穿始终，是教学设计的内在需求，而不是外在的强加；对教学而言，审美设计既是"雪中送炭"，又是"锦上添花"。

8.8.2　案例：和谐教学的设计

　　教学模式的设计是课堂教学设计的重要内容。教学模式的建构可以视为课堂教学设计的"成品"之一。"设计"总是要针对解决问题。什么叫和谐教学？一位教师应该掌握多少种教学模式？下面的设计就可以回答这两个问题。

　　建设和谐社会，需要和谐教育。在学校中，和谐教育的重点是和谐教学。适应、协调、促进发展，即和谐。教师的"教"与学生的"学"共同组成的活动，即教学。什么是和谐教学呢？教师以和谐的方式，让学生主动、生动、健康地得到和谐的发展，即是和谐教学。

　　什么是和谐的方式呢？作者用四句通俗易记的话来概括：晓之以理、导之以行、动之以情、传之以神。

　　A. 晓之以理，重在应用逻辑思维，深入浅出，循序渐进，让学生掌握概念原理，举一反三，一通百通。讲解概念与原理这些基本知识时，教师着重于晓之以理。

　　B. 导之以行，重在应用操作思维，让学生在参与活动中探究学习，提

---

　　① 美国国际技术教育协会编，黄军英等译：《美国国家技术教育标准：技术学习的内容》，科学出版社2003年版，第88页。

高动脑动手的能力。示范实验与操作这些基本技能时，教师着重于导之以行。

C. 动之以情，重在应用情感思维，或称为艺术思维，让学生在审美立美中提升境界，学会想象。体验情感与态度这些基本态度时，教师着重于动之以情。

D. 传之以神，重在应用交往思维，在教学交往中要"画龙点睛"，传播出精神实质，让学生得其要领。领悟过程与方法这些基本方法时，教师着重于传之以神。

教师在教学中晓之以理、导之以行、动之以情、传之以神；与此同时，学生在学习中对应也有四种学习方式：思考接受、活动探究、情感体验、合作交流。

a. 思考接受，重在应用逻辑思维，"博学、审问、慎思、明辨、笃行"，在教师和教材的启发下，掌握基本概念和基本原理。学生在掌握基本知识时，要学会思考接受。

b. 活动探究，重在应用操作思维，动脑动手，尝试操作，在做中学，提高实践应用能力。学生在掌握基本技能时，要学会活动探究。

c. 情感体验，重在应用情感思维，或称艺术思维，要选择审美视点，在鉴赏中学会创新，发展个性。学生在掌握基本态度时，要学会情感体验。

d. 合作交流，重在应用交往思维，在相互传播中，加深理解，能有效地内化为自己的知识，又能外化表达给他人。学生在掌握基本方法时，要学会合作交流。

无论何种学科，教学主要有四大内容：逻辑型的"基本知识"、操作型的"基本技能"、情感型的"基本态度"、交往型的"基本方法"。与此对应，人的思维模式主要分为：逻辑型、操作型、情感型、交往型以及两两协调的组合型，较均衡发展的综合型。

每一个人的思维模式，显然四种都具有。只是比例不会相同，有长有短。在教学中，教师要"因材施教"，就要扬长避短或用长补短；学生要"因材择学"，也要扬长避短或用长补短。教师学生都要通过教学，主动、生动、健康地得到和谐发展，即是"德、智、体、美"这四方面都要相互适应、相互协调，得到持续发展。

现在，可以回答一个问题：和谐教学主要的教学模式有多少种？答：有
16 种。我可以将上面的论述表述为一个"矩阵"（4×4），见表 8-1。

表 8-1　和谐教学主要教学模式矩阵

教师教学方式＼学生学习方式	a 思考接受	b 活动探究	c 情感体验	d 合作交流
A　晓之以理	Aa 晓理—接受	Ab 晓理—探究	Ac 晓理—体验	Ad 晓理—交流
B　导之以行	Ba 导行—接受	Bb 导行—探究	Bc 导行—体验	Bd 导行—交流
C　动之以情	Ca 动情—接受	Cb 动情—探究	Cc 动情—体验	Cd 动情—交流
D　传之以神	Da 传神—接受	Db 传神—探究	Dc 传神—体验	Dd 传神—交流

将教师的教学内容与教学方式（A，B，C，D）与学生的学习内容与学
习方式（a，b，c，d）两两交叉地结合起来，就构成 16 种非常有应用价值
的教学方法。例如，Aa 模式，即教师"晓之以理"，学生"思考接受"。简
称"晓理—接受"模式。Aa 模式是以 Aa 为主，其余 Ab，Ac，Ad 为辅；
成功的课堂教学，学生的学习过程最好 a，b，c，d 都有。同理，Ab 模式是
以 Ab 为主，其余 Aa，Ac，Ad 为辅。在一节课中，教师的教学方式应有重
点，也要兼顾 A，B，C，D。以此类推，得到 16 种主次分明的和谐教学模
式。这就是作者对和谐教学的设计。

在上述和谐教学设计中，作者并没有直接写出"审美设计"，但审美贯
穿在始终。作者想以此案例说明：审美是课堂教学设计的固有要求。另一方
面，也可以说和谐教学设计就应当是和谐教学的审美设计。

8.8.3　什么是课堂教学的审美设计

课堂教学设计重在从教学技术的视角来设计课堂教学；课堂教学的审美
设计则重在从教学艺术的视角来设计课堂教学。更进一步说，课堂教学的审
美设计是将教学技术和教学艺术整合起来，对课堂教学进行"审美"考量。
在课堂教学中，从始到终都贯穿着"审美"与"立美"。"审美"是认识美之

所在；"立美"是创造美之实践。这是对课堂教学设计的合理要求。

课堂教学的审美设计，可以从多方面进行研究。包括：①对课堂教学的"成品"如教材、教案、课件、教具、学具、情境等进行审美设计。②对人文科学类的学科，或简称为艺术类学科，例如音乐、美术、文学、艺术等学科，这些学科对艺术性要求较高，审美本身就是课堂教学的"主旋律"。③对非人文科学类的学科，或简称非艺术类学科，例如自然科学、社会科学、思维科学类学科，在基础教学中，这些学科主要是数学、物理学、化学、生物学等学科，这些学科一般要求审美设计是渗透型、融入型。虽然审美并非"主旋律"，但是审美设计得好，能强化学科的教学效果。通常是对课堂教学的一个环节进行审美设计，使之活跃课堂教学的气氛，激发学生的兴趣。审美虽然直接占用时间不多，但使课堂增色不少。④从课堂教学的整体入手进行审美设计。这是一项需要大家群策群力、百花齐放的研究课题。

(1) 课堂教学"成品"的审美设计

工程设计是要制造产品或系统；同样，教学设计也是要制造成品或系统。这些成品或系统是教材、教案、课件、教具、学具、情境等。这些成品或系统如果用来交换或出售，也就可以称为产品或系统。

①教师要对教材进行审美设计

教师在备课时仅仅用一种教材是不够的，通常应有两三套同类教材进行审美比较，适当加以取舍和组合，择其善者而从之，选择出较适合学生的教学内容和方法。当然，在教学中，教师应当紧扣学生正在使用的教材，70%左右要遵照现行教材，30%左右选择其他教材作灵活调整。这个比例约为7：3，这是接近"黄金分割"的审美比例，0.618：0.382。不仅要主次分明，而且要优选。既不能完全"照本宣科"，又不能完全抛开教材。

②教师要对教案进行审美设计

作者的经验是：在假期中把新学期的课完全备好，包括各次考试的题目，要有一个整体的备课框架，然后才上课。最好的教学策略是按照"整体→部分→整体"进行教学。备课要掌握教材的整体结构，要深入了解学生的现状与需求，广泛搜集相关资料，合理取舍讲课的内容。上课怎样开头，怎样结束，要反复推敲。开头要激发兴趣，结束要让人回味，开头和结束都力求短小精悍，切忌拖泥带水。板书演示要清楚明了，重点和关键要突出鲜明。这些都是在对教案进行审美设计。

③教师要对课件进行审美设计

课件是教案的一部分，通常指多媒体课件。课件是要展示给学生视听的内容，当然需要进行审美设计。色彩搭配、字体大小、音乐陪衬、展示节奏等等，有一系列的审美设计。课件的特征是：它是有目标的；它是基于特定要求的；它是系统进行的；它是可反复进行的；它是具有创造性的；它有许多可能的设计。

④教师要对教具、学具进行审美设计

教具既有购买的教具，也有师生自制的教具。人手一份的教具即成为学具。对于教具、学具都有进行审美设计的必要。设计教具、学具既需要技术，又需要艺术，是技术和艺术的结合。教具、学具应当具有简洁美、逻辑美、实用美。它们的目标单一，有助于解决问题。

⑤教师要对情境进行审美设计

不同学科的教师，在进行不同内容的教学时，需要设计不同的情境。教学情境的设计显然有审美的问题。设计的教学情境能激发学生的兴趣吗？能促进学生积极参与吗？能使教学生动活泼吗？能使教学成为美的享受吗？能有效地提高教学质量吗？这些问题都需要通过对教学情境进行审美设计去解决。教师就要运用课堂教学的审美设计去解决相应的各种问题。

（2）艺术类学科课堂教学的审美设计

艺术教学之所以受到广大师生的喜爱，是因为艺术教学是在鉴赏的基础上进行教学。音乐课总有"名曲欣赏"，美术课总有"名画欣赏"，艺术课总有"经典欣赏"，文学课总有"名著欣赏"等等。新课程标准中提出艺术教学的"过程与方法"主要有模仿、探索、体验、合作。由于艺术教学的基础是鉴赏，因此根据整合的观点，就应有以下艺术教学的四个基本教学模式："鉴赏—模仿"模式、"鉴赏—探索"模式、"鉴赏—体验"模式、"鉴赏—合作"模式。可以将艺术课教学模式的特点、原则和策略概括为：

① "鉴赏—模仿"模式

模式特点：艺术鉴赏，形神模仿。教学原则：分科与整合统一。教学策略：展现立体的知识结构。

② "鉴赏—探索"模式

模式特点：鉴赏精品，探索创新。教学原则：审美与立美统一。教学策略：运用互动的操作训练。

③ "鉴赏—体验"模式

模式特点：鉴赏体验，个性发展。教学原则：体验与认知统一。教学策略：鼓励多样的个性选择。

④ "鉴赏—合作"模式

模式特点：合作鉴赏，交流传播。教学原则：互动与分享统一。教学策略：实施真实的社会传播。

由于学校艺术教学包括丰富的内容：音乐、美术、戏剧、舞蹈、影视、曲艺、文学等等，显然，应当根据艺术的不同内容、不同水平的学生、不同的社会现状，分别建构更加多样、更加具体的艺术教学的审美模式。

课堂教学的审美设计要求教师应当有四大审美素质，其一，提高审美修养，乐于用全部智慧去发现美；其二，增强审美能力，乐于用灵巧双手去创造美；其三，端正审美态度，乐于用真情实意去体验美；其四，扩大审美交往，乐于用诚实信誉去传播美。

（3）非艺术类学科课堂教学的审美设计

顾颉主编的《中小学整合式教育》一书，提出了两种融入式学科美育的操作模式："模块型"的教学审美模式以及"随机型"的教学审美模式。①

"模块型"是指教学内容中具有典型的美育因素，在教学中，教师在某一时段或某一环节，有计划、有目的、有步骤地运用美育因素，集中地实施美育。它一般包括以下主要环节：

---

① 顾颉主编：《中小学整合式美育》，四川科学技术出版社 2005 年版，第82～83页。

创设情境→审美感知→体验欣赏→立美建构

首先，教师通过一定的媒体和手段，创设富于审美性的教学情境，引起学生的审美欲望和兴趣；其次，在教师的点拨下，引起学生的审美注意和对审美对象的初步感知；再次，在教师的指导下，通过观察、比较、联想、想象等，深化对美的体验，形成对美的认知与欣赏；最后，将审美对象内化为自己的审美意识和观念，并能够用自己的方式表现美，创造美。这是一个对美的认识由感性到理性，由外化到内化，认识不断升华的过程。

在该模式的教学中，学生的审美心理活动对应着中国古典美学理论揭示的四个环节：

虚静→感物→会心→畅神

"随机型"是指教师在没有刻意设定审美目标和创设审美情境的情况下，随着教学进程的一步步深入，在某一时刻"顺其自然"地实施美育。也就是说，它可能是教师事前未曾预料到的，是"可遇而不可求"的。在融入式学科美育（特别是在理科的教学）中，这种情况更为常见。对于一个具有较高的审美修养，有自觉的美育意识的教师来说，他能够抓住这一稍纵即逝的时机，顺其自然、适时地加以引导，使学生得到美感体验，产生一种愉悦的情绪和创造美的冲动，以至情之所至，欲罢不能，富有灵感地去表现美和创造美。

对应于模块型的学科美育，随机型学科美育可以对称地表述为：

顺其自然→适时引导→情之所至→顿悟创造

同样，对应着中国古典美学理论揭示的四个环节：

无为→向善→动情→灵感

从艺术美三原理出发，我在《教育建模》一书中，研讨了五个审美教学模式：趣味模式、形象模式、圆融模式、奇异模式、幽默模式。① 这五个课堂教学的审美设计，可归入"渗透式"课堂教学的审美设计，也可称为"小模块型学科美育模式"。

上述五个审美教学模式，对教师有一定的启发性，但是如何具体操作，尚需要以具体案例来说明。作者之所以称上述模式为"小模块型学科美育模式"，是因为其中每一个模式并不是作为"一节课"的教学模式，而是渗透、插入课堂教学中的一个"小模块"，能增加学科教学的艺术性；将审美真正自然地渗透、融入学科教学之中，而不是用审美取代学科教学。

（4）课堂教学的"整体"审美设计

作者建构的"审美—立美"教学模式，正是尝试从课堂教学的整体上进行审美设计。②

"审美—立美"教学模式的主要特征是：选择"审美视点"，确立"对立范畴"的转化及互补，实现立美建构。

审美是认识美之所在，立美是创建美之实践。"审美—立美"教学模式的主要过程是：从"审美视点"出发，经过一组对立范畴的转化，将对立范畴互补起来，进而达到"立美建构"。其中的一组"对立范畴"的转化，可以是"艺术美"的范畴转化，例如，和谐→奇异，多样→统一；可以是"科学美"的范畴转化，例如，分析→综合，复杂→简单；可以是"艺术美"、"科学美"两者融合的范畴转化，例如，发散→收敛，浅显→深奥。

"审美视点"如何确定呢？整体地说，是从思维（科学）美、自然（科学）美、人文（科学）美、社会（科学）美、综合（科学）美中去选择。就一节课（40分钟）而言，大多选择一个"审美视点"来展开。

"立美建构"如何实现呢？整体地说，是通过内容美、形式美、方法美、过程美、结构美来实现，就一节课（40分钟）而言，最后能有所创新，就

---

① 查有梁著：《教育建模》，广西教育出版社 2000 年版，第 106～117 页。
② 查有梁著：《新教学模式之建构》，广西教育出版社 2003 年版，第 113～114 页。

是实现了"立美建构"。

　　课堂教学整体的审美设计，必须充分认识学生审美的心理过程。李如密教授提出："教学美的欣赏是一个复杂的心理过程，这一过程由审美期待、审美感知、审美理解、审美心向、审美共鸣、审美回味等心理环节组成。"[①]对学生审美心理过程的研究，有利于教师进行课堂教学整体的审美设计。赵伶俐教授建构的美育综合课"审美视点结构教学模式"和各科通用的"审美化视点结构教授模式"等，[②]都是属于对课堂教学整体的审美设计。

---

① 李如密：《教学美欣赏的心理过程》，见《教育科学论坛》2006年第10期。

② 赵伶俐著：《视点结构教学技术原理》，百家出版社2002年版，第163～164页。

后 记

《给教师的20把钥匙》的写作，经历了一个长时间的探索过程。

首先谈一谈我对教育理论的理性思考。

教育理论可分为相互联系的三大类：

其一，经验性理论，讲做法，可操作，重实践，理论蕴涵在其中，理论成分较弱，实践成分较强；

其二，建构性理论，有假设，有模式，重过程，有一定理论根据，同时又接近实践；

其三，原理性理论，有原理，有推论，重演绎，理论成分突出。

我以为，一种好的教育理论，上述三大类的成分应兼而有之，因为这三大类理论并不是非此即彼，而是亦此亦彼，你中有我，我中有你，相互交叉渗透，形成不可分割的整体。对一种具体的教育理论而言，看在这三大类中，哪一类的成分占主流，从而进行相对的分类，而非绝对的分类。

原理性理论应当能引申出建构性理论，即建构模式，进而具体应用于实践；建构性理论既可进一步抽象为原理性理论，又可以进一步具体为经验性操作；经验性理论可以归纳、概括为建构性理论，进而上升为原理性理论。

三大类理论并不存在高、低之分。原理性理论如果不能还原为建构性理论和经验性理论，就难于操作，就会流于空洞；建构性理论如果不能发展为原理性理论和经验性理论，就缺乏活力，缺乏根基，就会流于形式；经验性理论如果不能上升到建构性理论和原理性理论，就难于理解，就会流于片面。三大类教育理论有各自明显的优点。

其次谈一谈我对教育科学发展的预感与新探索。

近五十年来，由于系统科学的迅速发展，其基本思想是要将物理世界的规律与生命世界的规律"整合"起来，找到"统一"的规律，这显然对探讨教育的规律有很大的启发性。首先，维纳提出的《控制论》对"目的"这一概念给出科学的界定："目的即负反馈。"这对"教育目的"的研究会带来新的思考。其次，从进化论到系统论，对系统进化和发展的必要条件进行了探究，这对于研究"教育内容"的进化、发展肯定有新的启示。第三，系统科学强调"整体方法"，重视从整体到部分，再从部分到新的整体，将分析和综合、定性和定量、归纳和演绎等方法"整合集成"起来，这为"教育方法"提供了新的工具。

我预感到，系统科学的新成果对建立新教育的原理性理论、建构性理论、经验性理论都会有新的启迪。

1980年至1990年这10年中，我试图在系统科学研究的基础上，建立一个关于教育的"原理性理论"。1986年发表专著《控制论、信息论、系统论与教育科学》，并尝试将《大教育论》（1990）建设成为现代教育的方法论基础。

在研究撰写《控制论、信息论、系统论与教育科学》、《系统科学与教育》、《大教育论》这些专著的过程中，通过讲学，我已感受到这些原理性理论对于专门从事教育研究的学者以及研究生们有一定启发，但广大教师接受起来较为困难。我认识到，必须将这些原理性理论转化为建构性理论，即要突出教育模式的建构，不是以论述教育"原理"为核心，而是以建构教育的"模式"为核心。

1990年至2000年这10年中，我试图在研究"一般模式论"的基础上建立一个关于教育的建构性理论，并尝试将"教育模式"、"教育建模"建设成为教育学的一个分支学科。

最后谈一谈我对教师教育培训模式的新尝试。

在研究完成《教育模式》、《教育建模》、《新教学模式之建构》这些专著后，通过讲学，我又感受到这些建构性理论对于有经验的老教师容易接受，但许多新教师接受起来较为困难。我认识到，必须将原理性理论、建构性理论转化为经验性理论，即要突出教育经验，突出操作方法，将原理和模式渗透其中，让更多的教师能学到手，可应用，有实效。

从 2000 年开始，我将研究的重点转向探究教育的经验性理论，即是将过去 20 年研究教育的原理性理论、建构性理论进一步普及化、大众化、简明化，以更加可操作的形式展示出来，为教师的"培训"作出新的贡献。经过五年的努力，这本《给教师的 20 把钥匙》终于同大家见面了。

近五年来，在教师培训中，我采用的较为有效的教育模式有四种：

其一，"经验—故事"培训模式，给教师提供实例，让大家相互交流经验；

其二，"问题—思考"培训模式，给教师提供建议，让大家相互交流各自的看法；

其三，"问卷—反思"培训模式，给教师提供激励，让大家从问卷调查中相互理解和促进；

其四，"案例—建构"培训模式，给教师提供启迪，让大家从案例中把握有效的方法。

《给教师的 20 把钥匙》主要采用这四种培训模式，供教师们选择、思考、尝试、创新。

如果读者要问我：你究竟主要是应用哪种"原理"？哪种"方法"？我可以明确回答：我应用的原理是"对立统一原理"，我应用的方法是"系统方法"。

上述三方面，我进行了四十多年的研究、探索、尝试。在理论方面，有较多的自主创新；在教学实践中，也取得较好的效果。但是，这些"原理"、"模式"、"经验"能否普遍地推广，尚有待进一步的实践检验。特别是在经验性理论的建构和传播方面，我还有许多工作有待深入。

有幸的是，2004 年至 2006 年我能同美国学者朱利安·泰普林（Julian Taplin）先生合作，由他完成《给教师的 18 个工具》。这两本作为姊妹篇的书，各有分工：《给教师的 20 把钥匙》主要根据教育学的理论，给教师 20 个教育方法，这些都是教师应掌握的教育方法；《给教师的 18 个工具》主要根据心理学的理论，给教师 18 个方法，这些都是教师应掌握的心理学方法。我们各自发挥优势，又互补起来。我们相信，这两本立足经验，可供操作的书，会受到广大教师的欢迎。

我们一定认真听取广大教师的意见，及时改进。

我们十分感谢四川教育出版社安庆国社长，陶明远副社长，责任编辑谢志良先生和王积跃先生以及四川教育出版社的其他先生们和女士们。由于他们的努力创造，使这两本书的编辑、出版、印刷、发行都做到了尽善尽美，又快又好。

查有梁

2007 年 2 月 16 日

写于成都杜甫草堂